穆旦詩學論

黃文輝 著

民國文學與文化系列論叢
文史哲出版社印行

國家圖書館出版品預行編目資料

穆旦詩學論 / 黃文輝著. -- 初版 --臺北市：
文史哲,民 107.10
　頁；公分（民國文學與文化系列論叢；9）
ISBN 978-986-314-438-0（平裝）

1.中國文學史　2.現代文學　3.文學評論

820.908　　　　　　　　　　　107017146

民國文學與文化系列論叢　9

穆 旦 詩 學 論

著　　者：黃　　　文　　　輝
出 版 者：文　史　哲　出　版　社
　　　　　http://www.lapen.com.tw
　　　　　e-mail：lapen@ms74.hinet.net
登記證字號：行政院新聞局版臺業字五三三七號
發 行 人：彭　　　正　　　雄
發 行 所：文　史　哲　出　版　社
印 刷 者：文　史　哲　出　版　社
　　　　　臺北市羅斯福路一段七十二巷四號
　　　　　郵政劃撥帳號：一六一八○一七五
　　　　　電話886-2-23511028・傳真886-2-23965656

定價新臺幣二八○元

2018 年（民一○七）十月初版

ISBN 978-986-314-438-0　　　78359

穆旦詩學論

目　　次

總序 一

民國文學史觀的建構
── 現代文學研究的新思維與新視野

張堂錡

一

　　「民國文學」是有關中國現代文學學科研究歷史進程中，繼「中國新文學」、「中國現代文學」、「20 世紀中國文學」、「百年中國文學」之後，近期出現並開始受到重視與討論的一種新的學科命名與思維方式。它的名稱、內涵與意義都還在形成、發展的初始階段。類似的思維與說法還有「民國史視角」、「民國視野」、「民國機制」等。這些不同的名稱，大抵都不脫一個共同的「史觀」，那就是回歸到最基本也最明確的時間框架上來進行闡釋。陳國恩〈關於民國文學與現代文學〉即明確指出：「作為斷代文學史，民國文學中的『民國』可以是一個時間框架。就像先秦文學、兩漢文學、魏晉南北朝文學、隋唐文學和宋元明清文學中的各個朝代是一個時間概念一樣，民國文學中的民國，是指從辛亥革命到 1949 年中華人民共和國成立這一時段。凡在這一時段裡的文學，就是民國文學。」這應該是大陸學界對「民國文學」一詞較為簡單卻完整的解釋。

　　北京師大的李怡則提出「民國機制」的說法，他在〈民國機制：中國現代文學的一種闡釋框架〉中也認為：「民國機制就是從清王朝覆滅開始，在新的社會體制下逐步形成的推動社會文化與文學發展的諸種社會力量的綜合」，然而，「隨著 1949 年政權更迭，一系列新的政治制度、經濟方式及社會文化氛圍、精神導向的重大改變，民國機制自然也就不復存在了。中國文學在新的機制中發展，需要我們另外的解釋。」當然，他們也都注意到了「民國」從清王朝－中華民國－中華人民共和國的線性時間概念之外的更豐富意義，例如陳國恩提到了民國的價值取向；李怡也強調必須「從學術的維度上看『政權』的文化意義，而不是從政治正義的角度批判現代中國的政治優劣」，他認為這樣的「民國文學」研究是「對一個時代的文學潛能的考察，是對文學生長機制的剖析，是在不迴避政治型態的前提下尋找現代中國文學的內在脈絡。」

　　面對大陸學界出現的這些不同聲音，在台灣的現代文學研究者已經不能再視而不見，如何在一種學術交流、理性互動、嚴謹對話、多元尊重的立場上進行對相關議題的深入討論，應該說，對兩岸學者都是一次難得的「歷史機遇」。台灣高喊「建國百年」，大陸紀念「辛亥百年」，一個「民國」，各自表述。但不管怎麼說，「民國」開始能夠被大陸學界接受並引起討論熱潮，這本身就是一種試圖突破既有現代文學研究框架的努力，也是大陸學界在意識型態方面對「民國」不再刻意迴避或淡化的一種轉變。正是在這種轉變中，我們看到了中國現代文學研究的新契機。

二

　　民國文學不是單一的學術命題，不論從研究方法或視野上來

看，它都必須涉及到民國的歷史、政治、經濟、教育、法律、文化、社會與思想等諸多領域，它必然是一個跨學科、跨地域、跨國別的學術視角，彼此之間的複雜關係說明了此一命題的豐富性與延展性。

必須正視的是，台灣對「民國」的理解是以「建國百年」為前提，而大陸學界則是以「辛亥百年」為前提，如此一來，大陸對「民國」的解釋是一個至 1949 年為止的政權，但台灣則是主張在 1949 年之後「民國」依然存在且持續發展的事實。拋開歷史或政治的解釋權、主導權不論，「民國」並未在「共和國」之後消失，這是不爭的事實。因此，在討論民國文學與文化之際，就會出現 38 年與 100 年的不同史觀。箇中複雜牽扯的種種原因或現實，正是過去對「民國文學」研究難以開展的限制所在。而恰恰是這樣的分歧，李怡所提出的「民國機制」也就更顯得有其必要性與可操作性。他說 1949 年政權更迭之後，民國機制不復存在，指的是「中華民國在大陸」階段，共和國機制在 1949 年之後取代了民國機制，但是「中華民國在台灣」階段，要如何來解決、解釋，「民國機制」其實可以更靈活地扮演這樣的闡釋功能。

「民國文學」的提出，並不是要取代「現代文學」，事實上也難以取代，因為二者的側重點不同，前者關注現代文學中的「民國性」，後者關注民國文學的「現代性」，這是一種在相互參照中豐富彼此的平等關係。現代性的探討，由於其文學規律與標準難以固定化，使得現代文學的起點與終點至今仍是一種遊移的狀態，從晚清到辛亥，從五四到 1949，再由 20 世紀到 21 世紀，所謂文學的「現代化」與「現代性」都仍在發展之中。「民國性」亦然。從時間跨度上，現代文學涵蓋了民國文學，但在民國性的發展上，它仍在台灣有機地延續著，二者處於平行發展的狀態，不存在誰取代誰的問題。

　　在大陸階段的民國性，是當前大陸「民國文學」研究的重心，它有明確的歷史範疇與時間框架，但是在台灣階段的民國性，保留了什麼？改變了什麼？在與台灣在地的本土性結合之後，型塑出何種不同面貌的民國性呢？這是兩岸學者都可以認真思考的問題。

　　民國文史的參照研究，其重要性無庸置疑，而其限度與難度也在預料之中。「民國文學」作為一個學術的生長點，其意義與價值已經初步得到學界的肯定。現代文學的研究，在經過早期對「現代性」的思索與追求之後，發展到對「民國性」的探討與深究，應該說也是符合現代文學史發展規律的一次深化與超越。在理解與尊重的基礎上，兩岸學界確實可以在這方面開展更多的合作機會與對話空間。

三

　　為了呼應並引領這一充滿學術生機與活力的學術命題，政大文學院與北京師範大學於 2014 年幾乎同時成立了「民國歷史文化與文學研究中心」，四川大學、四川民族大學也相繼成立了類似的研究中心；政大中文研究所於 2015 年正式開設「民國文學專題」課程；以堅持學術立場、文學本位、開放思想為宗旨的學術半年刊《民國文學與文化研究》，在李怡、張堂錡兩位主編的策劃下，已於 2015 年 12 月在台灣出版創刊號；由李怡、張中良主編的《民國文學史論》、《民國歷史文化與中國現代文學研究》兩套叢書則分別由花城出版社、山東文藝出版社出版，在學界產生廣泛的迴響。規模更大、影響更深遠的是由李怡擔任主編、台灣花木蘭出版社印行的《民國文化與文學研究文叢》，自 2012 年起陸續出版了《五編》七十餘冊，計畫推出百餘冊，這套書的出版，對現代中國文學研究打開了新的學術思路，其影響力正逐漸擴大中。

　　對「民國文學」研究的鼓吹提倡，台灣的花木蘭出版社可以說扮演了積極推動的重要角色。自 2016 年 4 月起，由劉福春、李怡兩人主編的《民國文學珍稀文獻集成》叢書第一輯 50 冊正式發行，並計畫在數年內連續出版這套叢書上千種，這真是令人振奮也令人嘆為觀止的大型學術出版計畫！

　　從 2016 年 8 月起，文史哲出版社也成為民國文學研究的又一個重要學術平台，除了山東文藝出版社授權將其出版的《民國歷史文化與中國現代文學研究》叢書 6 本交由文史哲出版社出版之外，其他有關民國文學研究的學術專著也將列入新規劃的《民國文學與文化系列論叢》中陸續出版，如此一來，民國文學研究將有了一個集中展現成果、開拓學術對話的重要陣地，這對兩岸的民國文學研究而言都是一個正面而積極的發展。文史哲出版社是台灣學術界具有代表性的老字號出版社，經營四十多年來，出版過的學術書籍超過三千種以上，對兩岸學術交流更是不遺餘力，彭正雄社長的學術用心與使命感實在讓人欽佩！這次願意促成這套叢書的出版，可說是再一次印證了彭社長的文化熱忱與學術理念。

　　我們相信，只要不斷的耕耘，這套書的文學史意義將會日益彰顯，對民國文學的研究也將會在這個基礎上讓更多人看見，並在現代文學領域產生不容忽視的影響力。對於「民國文學」的提倡與落實，我們認為是一段仍需持續努力、不斷對話的過程，但願這套叢書的問世，對兩岸學界的看見「民國文學」是一個嶄新而美好的開始。

2016 年 7 月，台北

總序 二

民國歷史文化與中國現代
文學研究的新可能

李　怡

　　中國現代文學發生發展的社會歷史背景是「民國」，從民國歷史文化的角度考察中國現代文學，既是這一歷史階段文化自身的要求，也是中國現代文學研究新的動向。

　　中國現代史上的「中華民國」是現代中國歷史進程的重要環節，無論是作為「亞洲第一個共和國」的歷史標誌，還是包括中國共產黨人在內的全體中國人都曾為「民國」的民主自由理想而奮鬥犧牲的重要事實，「民國」之於現代中國的意義都是值得我們加以深究的。與此同時，中國現代文學的「敘史」也一直都在不斷修正自己的框架結構，從一開始的「新文學」、「現代文學」到 1980 年代中期的「二十世紀中國文學」，每一種命名的背後都有顯而易見的歷史合理性，但同時又都不可避免地產生難以完全解決的問題。「新文學」在特定的歷史年代拉開了與傳統文學樣

式的距離，但「新」的命名畢竟如此感性，終究缺乏更理性的論證；「現代文學」確立了「現代」的價值指向，問題是「現代」已經成了多種文化爭相解釋、共同分享的概念，中國之「現代」究竟為何物，實在不容易說清楚；「二十世紀中國文學」確立的是百年來中國文學的自主性，但是這樣以「世紀」紀年為基礎的時間概念能否清晰呈現這一文學自主的含義呢？人們依然不無疑問。正是在這樣一種背景上，關於中國現代文學「敘史」的「民國」定位被提了出來，形成了越來越多的「民國文學史」命名的呼籲。

　　「民國文學」的設想最早是從事現代史料工作的陳福康教授在 1997 年提出來的[1]，但是似乎沒有引起太多的注意；2003 年，張福貴先生再次提出以「民國文學」取代「現代文學」的設想，希望文學史敘述能夠「從意義概念返回到時間概念」[2]，不過響應者依然寥寥。沉寂數年之後，在新世紀第一個十年即將結束的時候，終於有更多的學者注意到了這個問題，特別是最近兩三年，主動進入這一領域的學者大量增加。國內期刊包括《中國社會科學》、《文學評論》、《中國現代文學研究叢刊》、《文藝爭鳴》、《海南師範大學學報》、《鄭州大學學報》、《現代中國文化與文學》都先後發表了大量論文，《文藝爭鳴》與《海南師範大學學報》等還定期推出了專欄討論。張中良先生進一步提出了中國現代文學研究的「民國史視角」問題，我本人也在宣導「文學的

1　陳福康：《應該「退休」的學科名稱》，原載 1997 年 11 月 20 日《文學報》，後收入《民國文壇探隱》，上海書店出版社 1999 年。
2　張福貴：《從意義概念返回到時間概念 —— 關於中國現代文學的命名問題》，香港《文學世紀》2003 年 4 期。

民國機制」研究。在我看來,「民國文學」研究的興起十分正常,
它們都顯示了中國現代文學研究在經歷了半個多世紀的探索之後
一次重要的學術自覺和學術深化,並且與在此之前的幾次發展不
同,這一次的理論開拓和質疑並不是外來學術思潮衝擊和感應的
結果,從總體上看屬於中國學術在自我反思中的一種成熟。

　　當前學界的民國文學論述正沿著三個方向展開:一是試圖重
新確立學科的名稱,進而完成一部全新的現代文學史;二是為舊
體文學、通俗文學等「新文學」之外的文學現象回歸統一的文學
史框架尋找新的命名;三是努力返回到歷史的現場,對民國社會
歷史中影響文學的因素展開詳盡的梳理和分析,結合民國文學歷
史的一些基本環節對當時的文學現象進行新的闡述和研究。在我
看來,前兩個方向的問題還需要一定時間的學術積累,並非當即
可以完成的工作,否則,倉促上陣的文學史寫作,很可能就是各
種舊說的彙集或者簡單拼貼,而第三個方面的工作恰恰是文學史
認識的最堅實的基礎,需要我們付出扎實的努力。

　　從民國歷史文化的角度研究中國現代文學,可以為我們拓展
一系列新的學術空間。

　　例如民國經濟形態所造就的文學機制,民國法制形態影響下
的文學發展,民國教育制度的存在為文學新生力量的成長創造怎
樣的文化條件、為廣大知識分子的生存提供怎樣的物質與精神的
基礎等等。還有,仔細梳理中國現代作家的「民國體驗」,就能
夠更加有效地進入他們固有的精神世界與情感世界,為我們的中
國現代文學提出更實事求是的解釋。

　　當然,討論中國現代文學的「民國」意義,挖掘其中的創造

「機制」絕不是為了美化那一段歷史。在現代中國文化建設的漫長里程中，在我們的現代文化建設目標遠遠沒有完成的時候，沒有任何一段歷史值得我們如此「理想化處理」，嚴肅的學術研究絕不能混同於大眾流行的「民國熱」。今天我們對歷史的梳理和總結是為了呈現 20 世紀上半葉中國文學發展的一些可資借鑒的機制，以為未來中國文學的生長探尋可能 —— 在過去相當長的歷史中，我們習慣於在外國文學發展中國大陸的現代文學這一學科走向成熟是在「文革」結束後，經過所謂「十年浩劫」，「撥式展開自己。殊不知，其中的文化與民族的間隔也可能造成我們難以逾越的障礙。如今，重新返回我們自己的歷史，在現代中國人自己有過的歷史經驗和智慧成果中反思和批判，也許就不失為一條新路。

　　呈現在讀者諸君面前的這一套「民國文學與文化系列論叢」，試圖從不同的方向挖掘「以歷史透視文學」的可能。這裡既有新的方法論的宣導 —— 諸如「民國」作為「方法」或者作為「空間」的含義，也有不同歷史階段的文學新論，有「民國」下能夠容納的特殊的文學現象梳理 —— 如民國時期的佛教文學，也有民國文學品種的嶄新闡述。它們都能夠帶給我們對於歷史和文學的一系列新的感受，雖然尚不能說架構起了民國歷史文化現象的完整的知識結構，卻可以說是開闢了文學研究的新的可能。但願我們業已成熟的中國現代文學研究，能夠因此而思想激蕩、生機勃發。

2014 年 6 月，北京

第一章　緒　論

第一節　穆旦詩學：拒絕古典之後

　　T.S.艾略特在一篇文章裡說：「我相信詩人之所以從事評論主要是基於這樣一個事實：詩人在內心深處——即使這不是他表露出來的意願——總是試圖為他所寫的那種詩進行辯護，或者試圖詳細說明他自己希望寫的那種詩。……當他對詩歌創作進行理論概括時，他也許只是在泛泛地談論某一種經驗；……他能做得出色的也許只是講述那些經他本人內省過的材料，就像一個哲學家傳達信息一樣。總之，我們必須依據他所寫的詩來評價他的詩論。如果要證實某些事實，我們必須求諸學者，如果要做出公正的判斷，我們必須求諸於較為超脫些的批評家。」[1]

　　艾略特的這一番夫子自道，既說出了本文的目的，也道出了本文的尷尬。因為本文的研究對象正是一位評論界越來越重視的詩人——穆旦的「詩學」。如果作為詩人兼批評家的艾略特上述講法是所有詩人從事評論的根本「事實」，則我們研究的最終目的就是為了更好地理解、欣賞穆旦他所寫的「那種詩」。本文要

---

[1] [英]艾略特：《詩的音樂性》，王恩衷編譯，載《艾略特詩學文集》，國際文化出版公司，1989年，頁175。

扮演的角色就是「批評家」。然而本文的尷尬之處就是穆旦並沒有像艾略特般留下任何有關詩論的專文，而只有幾篇書評、幾篇譯本的序跋，二十來封談詩的信和一些朋友的回憶。這顯然為本文能否完整地「重構」穆旦的詩學設下不可逾越的關卡；於是本文唯有透過另一種渠道——依據他所寫的詩來重組他的詩學。[2]

　　首先要說明的是，本文所謂的「詩學」，是指「某一作家對文學法則的選擇與運用」[3]；又因為本文是以一位詩人為研究對象，因而其中心思考點便是：「詩人想要追求的目標和詩歌理想」。[4]因此，本文主要關心的就是穆旦對詩有何追求？他的詩歌理想是什麼？

　　本文認為，研究穆旦的詩學，除了可以有利於去理解穆旦的詩作外，更重要的是，作為三四十年代中國現代主義詩歌最傑出的代表之一，穆旦的詩學也可以為我們研究西方現代主義在中國的傳播提供一個有益的案例。

　　另一方面，本文留意到下列這一現象：今天，穆旦作為廿世紀中國大詩人的成就已越來越為人所關注；人們推崇他對中國現代主義詩歌的貢獻，說他的詩最好地反映出廿世紀四十年代中國知識份子一顆受難的心，說他的創作是站在中國現代主義詩歌現代化的最前列。然而，在這許多讚美之聲的後面，其實暗藏著一

---

[2]　杜運燮在《穆旦詩選‧後記》中也說：「一個詩人闡述得最充分的詩論就是他本人的創作。穆旦闡述得最生動、最充分的詩論，也應該在他的詩中去找。」，見《穆旦詩選》，人民文學出版社，1986年，頁151。

[3]　參見王先霈、王又平主編：《文學批評術語詞典》，上海文藝出版社，1999年，頁133，「詩學(poetics)」條。

[4]　參見周式中等主編：《世界詩學百科全書》，陝西人民出版社，1999年，頁569，「詩學概念」條。

個悖論(paradox)的地方：作為廿世紀漢語詩歌最好的詩人之一，穆旦對漢語古典詩由始至終鮮明的拒絕態度也是最著名的——穆旦自動切斷自己跟傳統的聯繫。這就跟當前漢語詩歌界重新檢視中國古典詩歌傳統的做法恰好相反。所以，本文感興趣的是：在拒絕了中國古典詩傳統之後，穆旦在「詩學」上獲得了什麼呢？這樣做有何好處呢？

這就是本文希望完成的任務。而為方便論述，本文將分別以「理論篇」分析穆旦在書信、譯序等文中的詩學主張，而以「創作篇」分析穆旦具體創作中的詩學，以跟前面「理論篇」作互證、補充之用。

第二節　研究理論：歷史整體性

在研究方法上，本文將參照美籍華人學者、詩人葉維廉提出的「歷史整體性」理論檢視穆旦的詩學。

「歷史整體性」可以說是貫穿葉維廉整個比較文學研究的一條中心思路以及研究目標。他說，「所謂歷史完整性(必須包括所有的時空)和歷史客觀性(即假定所有具體事件都可以得到驗證)是永遠無法真正達到的。」[5]可是人們又不得不面對這樣一個矛盾：「在承認思維在歷史整體性前面種種局限的同時，又各自都

---

[5] 見《歷史整體性與中國現代文學研究之省思》，載葉維廉：《歷史、傳釋與美學》，東大圖書公司，1988 年，頁 252。按，該文又見國內三聯版《中國詩學》一書，不過兩個版本在文字及分段上略有不同，今以東大版為準。

極希望通過一些挑選的細節尋求及認知跡近整體性的東西。」[6]為了解決此一矛盾，葉氏認為必須有一種「把所有歷史的闡釋看成暫行」的自覺性，明白到「具體歷史的全部記載是無法做到的」，但「如果我們確實想使我們選擇的歷史細節獲得任何意義，能夠作為整個歷史長河中濃縮的瞬間，歷史的整體意識是不可缺少的。整體意識，亦即同時了悟到每一個觀點都是暫行的這一認識，就可以幫忙防範以偏概全、把討論的某些孤立現象說成整體的虛妄。」[7]

　　在研究五四運動以來的文學時，葉維廉強調「更必須時時刻刻把握住上述的歷史整體意識。」[8]因為，「這是一個過去與現在、本土文化與外來文化各種層面互相滲透的過程，包括國人對這過程作出不同程度的迎拒。顯然，這一個複雜的生成過程要求我們把每一個個別的歷史時刻放入全部歷史事件中去透視，包括那本土文化在含糊中執著拒絕而導致急遽的變化。」[9]用葉氏在另一個場合的話來說，就是「我們看跨文化的運動，必須要對文化與文化之間互動、衍變、生根的場合加以審視，觀察其間的對峙、調協、匯流與分歧和最後的調整的實際情況。這個文化生變的境遇，不能只從一種文化的透視作霸權式的解決，而需要學習作無條件的開放，同時從兩個文化角度去看。」[10]總之，葉維廉認為在研究文學時必須顧及具體歷史情景當中的複雜性、互動性，既不能以

---

[6]　同上，頁 253。
[7]　同上，頁 255-256。
[8]　同上，頁 256-257。
[9]　同上，頁 257。
[10]　見《從跨文化網路看現代主義》，載葉維廉：《解讀現代・後現代》，東大圖書公司，1992 年，頁 6。

簡單的東方或西方的「模子」去套[11]，也不能把某個評論當成是絕對的、永恒不變的真理。

　　因此之故，在研究五四以來文學家強烈反對傳統，狂熱鼓吹西化的過程時，研究者就應該提出下列這些問題：「是何種歷史、社會的變革促使了對過去傳統的排拒而接受某種外來的意識型態？在這個過程中，他們(或許是無意識地)又訴諸哪些傳統的思想、美學模子作為他們接受的依據或理由？對於外來的模子又作了何種調整以便能為本土接受？在傳統的宇宙中，究竟哪些文化或美學的執著，包括歷史理論和思維習慣(即使他們曾公開批判過的理論與習慣)，牽制和決定了對外來理論中某些層面的排拒？」[12]

　　比如，在研究中國五四以來的現代主義文學的時候，葉維廉就提醒研究者注意：「即在明顯受西方影響的作品裡，我們仍然不能假定原模和移植成品之間的美學構成與意義完全一樣。在移植的過程中，總是會有本土因素的牽制。我們應該還要問：中國現代的作家(我們且以中國現代的詩人為例)，在怎樣的一種文化氣候、政治社會狀態下發現類似西方現代主義的觀物態度和表現策略呢？或者，換個方式問：他們在西方現代主義中吸取了什麼適合於表現他們特有的文化和心理情態呢？」[13]

　　如此，參照葉氏的提法，則本文在研究穆旦詩學時，必須留

---

[11] 葉維廉反對在兩個異質的文化空間中，以一方固定的「模子」去套另一方的某作家或某種文學現象。參見《東西比較文學中模子的應用》，載葉氏著：《比較詩學》，東大圖書公司，1988年，頁1-25。

[12] 同註5，頁265-266。

[13] 同註11，頁3。

意到：

1. 穆旦在怎樣的一種文化氣候、政治社會狀態下選擇西方現代主義的詩學策略？

2. 穆旦在抗拒傳統的典範而接受西代現代主義的同時，對西方現代主義作了何種調整以適應本身的詩學需要呢？

第二章　穆旦研究綜述

　　穆旦，原名查良錚，祖籍浙江海寧，1918 年出生於天津。1940 年畢業於西南聯大外文系。1950 年獲美國芝加哥大學文學碩士學位。1952 年底回國。1953 年起在天津南開大學外文系任副教授。1958 年被錯判為「歷史反革命」，到 1981 年才完全平反，但穆旦已於 1977 年因病去世。穆旦生前出版過三本詩集：《探險者》(1945 年)、《穆旦詩集(1939-1945)》(1947 年)及《旗》(1948 年)。50 年代後，穆旦的詩作較少，主要寫於 1976 年，被收入與詩友合輯的《九葉集》、《八葉集》；這段時間穆旦主要從事翻譯，以原名查良錚或梁真發表，譯有《拜倫抒情詩選》、《雪萊抒情詩選》、《唐璜》、《歐根‧奧涅金》、《英國現代詩選》等二十餘種。

　　作為廿世紀漢語詩的大詩人，穆旦的光芒曾一度被掩蓋，直到 80 年代才越來越為學界重視，到 90 年代則達到一個全新的高度。從研究範圍來說，也有著一個由同學、朋友的小圈子擴展到學界關注、深入的過程。這個過程可分為 40 年代及 80 年代以後兩個時期[1]。

---

[1]　參見李怡：《穆旦研究論著編目(1945—1995)》，載杜運燮等編：《豐富和豐富的痛苦》，北京師範大學，1997 年，頁 148。

　　最早的一篇評論是王佐良先生 1946 年發表於倫敦《生活與文學》雜誌 6 月號的《一個中國詩人》，後來作為附錄收進穆旦自費出版的《穆旦詩集(1939-1945)》。這個時期穆旦並未受到重視，雖然他在西南聯大的老師聞一多在編選《現代詩鈔》時選了他 11 首詩，然而當時的評論者大都是他的同學或詩友。

　　不過，雖然只有寥寥數篇的評論，然而正是這幾篇評論奠下了日後穆旦研究的框架，也奠下了後人評論穆旦詩歌特色的基調。可以說，40 年代的評論是穆旦研究的奠基期，80 年代至今是穆旦研究的拓展期。[2]

　　至於港台對穆旦的研究則很少，只 80 年代開始有個別學者撰文研究，整體而言還需要更進一步的探索。

第一節　40 年代：奠基期

　　王佐良先生 1946 年寫的《一個中國詩人》目前已是穆旦研究的經典，其經典之處除了是第一篇引介以及推崇穆旦詩歌的文章外，最主要的是它為以後穆旦研究奠下了框架及基調。

　　在《一個中國詩人》中[3]，王佐良首先為讀者介紹了西南聯大

---

[2]　可注意的是，40 年代王佐良及周玨良的兩篇評論，是穆旦生前認為最好的。見周玨良：《穆旦的詩和譯詩》，載杜運燮等編：《一個民族已經起來》，江蘇人民出版社，1987 年，頁 20。

[3]　王佐良：《一個中國詩人》，載王聖思選編：《"九葉詩人"評論資料選》，華東師範大學，1996 年，頁 306-313。以下該篇引文均引自此，不另加註。又，據 1947 年出版的《穆旦詩集(1939-1945)》附錄及王佐良的論文集《論契合》，此文原名《一個中國詩人》(*A Chinese Poet*)，然而上述《資料選》卻作《一個中國新詩人》。參見《論契合》，外語教學與研究出版社，1985 年，頁 89。

學生艱苦的學習環境，聯大學生在這種環境下如饑似渴地學習著西方文學，學習著艾略特與奧登等的作品，以及他們熱烈地討論文學的氣氛。接著，他以 1942 年在緬甸胡康河谷的森林裡一次差點喪命的經歷介紹穆旦以及他的近況。他在文中說：「最好的英國詩人就在穆旦的手指尖上，但他沒有模仿，而且從來不借別人的聲音唱歌。」「他的焦灼是真實的」、「主要的調子卻是痛苦」，「一種受難的品質使穆旦顯得與眾不同。」不同在什麼地方呢？首先，「穆旦並不依附任何政治意識。……他已經超越過這個階段，而看出了所有口頭式政治的庸俗……他只是更深入，更鑽進根底」，而且，「他採用了辯證」；其次，「他總給人那麼一點肉體的感覺，這感覺所以存在是因為他不僅用頭腦思想，他還『用身體思想』。」最後，穆旦這些鑽得更深，以辯證觀照問題，以肉體來感受的詩歌，在王佐良看來，就是「肉體與形而上的玄思混合」。

接著，王佐良提出了穆旦詩歌中的一個「謎」：「他一方面最善於表達中國知識份子的受折磨而又折磨人的心情，另一方面他的最好的品質卻全然是非中國的。在別的中國詩人是模糊而像羽毛般輕的地方，他確實，而且幾乎是拍著桌子說話。」王佐良把這個謎歸因於穆旦的文字。他說：「現代中國作家所遭遇的困難主要是表達方式的選擇。舊的文體是廢棄了，但是它的詞藻卻逃了過來壓在新的作品之上。穆旦的勝利卻在他對於古代經典的徹底的無知。甚至於他的奇幻也是新式的。那些不靈活的中國字在他的手裡給揉著，操縱著，它們給暴露在新的嚴厲和新的氣候之前。他有許多人家所想不到的排列和組合。」對穆旦的用字，

王佐良特別提醒讀者注意《我》這首詩裡「子宮」二字,「在英文詩裡雖然常見,在中文詩裡卻不大有人用過。」

最後,王佐良說,「穆旦對於中國新詩寫作的最大貢獻,照我看,還是在他的創造了一個上帝。他自然並不為任何普通的宗教或教會而打神學的仗,但詩人的皮肉和精神有著那樣的一種饑餓,以至喊叫著要求一點人身以外的東西來支援和安慰。」不過他說「我們必須抗議穆旦的宗教是消極的。他懂得受難,卻不知至善之樂。」

綜合而言,在這篇《一個中國詩人》中,王佐良以他作為穆旦的同學兼好友、文學評論家、詩人的多重身份,敏銳而準確地為我們預告了一個中國新詩人的崛起,及其出現的價值,並且從四個方面劃下了日後研究穆旦詩歌的框架:

1. 穆旦與西南聯大的關係——可以說,沒有西南聯大的這個特殊教育環境和氛圍,特別是當時在西南聯大任教的英國詩人兼詩論家燕卜遜(William Empson)的影響,穆旦現代主義詩風的形成雖不至不可能,但也得推遲一段時間;

2. 穆旦與西方現代文學,特別是與艾略特、奧登等的關係——這已是現在研究穆旦的必須涉及的課題,王佐良的提示以及他日後的追憶文章,都為我們提供了豐富的資料;

3. 穆旦「受難」、「痛苦」的詩歌風格——《一個中國詩人》中,王佐良一句「肉體與形而上的玄思混合」的評語,已成為日後評論穆旦詩風的定論。特別是他提到的穆旦的那個「謎」——他一方面最善於表達中國知識份子的受折磨而又折磨人的心情,另一方面他的最好的品質卻全然是非

中國的——成了研究穆旦詩歌風格一個重要的切入角度；

4. 穆旦拒絕古典的詩歌語言——王佐良說「穆旦的勝利卻在他對於古代經典的徹底的無知」成為研究穆旦詩歌語言的出發點。雖然現在我們知道穆旦對中國古代經典絕非無知，但他對中國古典詩歌語言的抗拒卻也是眾所周知的；特別是王佐良提醒讀者注意穆旦詩中「子宮」二字之後，穆旦對傳統詩歌語言的反叛形象更顯鮮明。

事實上，除了上述四個研究領域的奠定外，王佐良在《一個中國詩人》中的許多評論用語，日後也經常出現在其他穆旦研究的文章裡，比如「焦灼」、「痛苦」、「受難的品質」、「辯證」、「肉體的感覺」、「用身體思想」、「形而上的玄思」、「衝突」、「懷疑」等等，使《一個中國詩人》幾乎成了穆旦評論的「原型」。

接著王佐良，天津《益世報・文學周刊》分別在 1947 年 7 月及 9 月刊出兩篇評論穆旦的文章：周珏良的《讀穆旦的詩》和李瑛的《讀<穆旦詩集>》，使對穆旦的研究有了更深入與豐富的內容。

周珏良《讀穆旦的詩》一開始便點出了穆旦詩歌「很有選擇的用接受若干西洋的影響來起始。」[4]接著便列舉出穆旦受艾略特、葉芝、多恩(Donne)同馬威爾 (Andrew Marvell)、奧登影響的詩句。之後，周珏良提出了一個很重要的觀點，即穆旦在擺脫西方詩人的影響後形成的個人風格「是情思的深度，敏感的廣度，同表現的飽滿的綜合」。他說：「穆旦永遠是強烈的感受，加勁

---

[4] 周珏良：《讀穆旦的詩》，載《"九葉詩人"評論資料選》，頁 314-324。以下該篇引文均引自此，不另加註。

的思想，拼命的感覺，而毫不惜力的表現。……情思感覺表現是親密的結合而成為一個有機體而互相影響，滋長，相成。」這應是上述王佐良說的「他只是更深入，更鑽進根底」的具體性說法。

《讀穆旦的詩》中對「表現的飽滿」的解釋，其實就是對穆旦創作手法的分析。文中，周玨良認為造成穆旦詩中「表現的飽滿」的主要有以下三種方法：

1. 壘積的效果——他舉了《春》為例。他說：「這些同類的意象有機地壘積起來給與這首詩一種立體的多面的效果。」

2. 成於時間上的——「就是說情思感覺的展開是高速度地被迫進行，扭轉，跳動，在最短的時間中得到了最大的動，因而給人一種充滿的意義。」他舉了《贈別》的首兩行為例，說「首兩行中每一個意象都幾乎踏著了它緊前面的意象的腳跟。」

3. 從情思感覺這些被表現的東西裡直接來的——周玨良認為，這種方法「幾乎全不是表現上的事，或者可以說表現在這裡只是消極的」，它既不是壘積，也不是高速的展開，在這裡，語言只是盡了透明導體的責任而已。

我們且不論周玨良的這三種分法尚欠具體、清晰，比較含混，但這是對穆旦創作手法的首個比較細心的解讀，其開創之功不可抹；更何況周先生的分法，雖未夠具體，但對我們今天分析穆旦的創作手法還是很有啟發作用的。

李瑛的《讀<穆旦詩集>》[5]，除了認同王佐良的見解，認為穆

---

[5]　李瑛：《讀<穆旦詩集>》，載《"九葉詩人"評論資料選》，頁 325-336。以下該篇引文均引自此，不另加註。

旦「他足以代表了整個中國小知識份子在苦悶的時代普遍的感到傷害，冷酷」外，對穆旦的詩歌的創作手法繼周珏良後有進一步的分析。

李瑛認為「穆旦的詩完全是以深湛的抒情寫出來的，所以他的幻想常常為一種新穎和超越形式所顯露，這就是說經驗、思想和情感三者賦予他的產品以一種驚人的溶解綜合力。他的尤其編成勻整網絡的詩風是得力於詞句的組織，近時代哲學的高揚與自己感情的調合。」這跟上述周珏良認為「穆旦永遠是強烈的感受，加勁的思想，拼命的感覺，而毫不惜力的表現」意見相近，只是他特別提到「近時代哲學的高揚」，這又跟王佐良說的「形而上的玄思」相近了。

李瑛一方面對穆旦的詩歌語言讚賞有加，說「詩中每一個字都像經過縝密的思索，豐富的變化的差別，而取得它的威能」，「他的詩句突然看起來表面上似乎很笨拙，但他的每一部分都關連著而有一種新的粘合聯類並創造」，並且為穆旦詩歌的晦澀辯護，認為「你對它有一層距離和隔閡，完全由於風格的傳統的問題」；可是另一方面，他又是首個對穆旦詩歌語言提出批評：「穆旦詩的句子有的則嫌冗長，讀起來覺得很累贅，破壞了詩的境界，尤其是節拍的美，而且有的句子為了要表現他的象徵的意識，為了要容納他所徵引的抽象的理論，所以在詞藻上，顯得還生澀牽強」。這個評論到今天看來也有它的合理性。

唐湜的《穆旦論》以詩般的語言評論了《穆旦詩集》及《旗》，是一篇充滿激情的印象式批評。唐湜稱讚說：「穆旦也許是中國少數能作自我思想，自我感受，給萬物以深沉的生命的同化作用

(Identification)的抒情詩人之一,而且似乎也是中國少數有肉感與思想的感性(Sensibility)的抒情詩人之一。」[6]又說「他也許是中國詩人裡最少絕對意識(而中國大多數詩人卻都是浮淺的絕對主義者)又最多辯證觀念的一個,而最可貴的是他的生活上,乃至政治上的自覺性的尖銳。」這些論點跟王佐良的「肉體與形而上的玄思混合」」差不多,不過,王佐良強調穆旦「不依附任何政治意識」,但唐湜則指出穆旦有「政治上的自覺性的尖銳」。這並不矛盾,相反是辯證的,因為不依附任何政治意識,不代表沒有政治意識,只能說穆旦有他個人特有的對政治的看法罷了。

　　唐湜把穆旦詩歌中呈現的「受難的品質」聯繫到他的詩歌語言,說:「這人的受難也合適地表現在文字的受難裡。誠然,讀他的文字會有許多不順眼的澀重的感覺,那些特別的章句排列與文字組合也使人得不到快感,沒有讀詩應得的那種Delightful(按:大喜的、可愛的)與 Smooth(按:平滑)的感覺[7],可是這種由於對中國文字的感覺力,特別是色彩感的陌生而有的澀重,竟也能產生一種原始的原始的健樸的力與堅忍的勃起的生氣,會給你的思想感覺一種發火的磨擦,使你感到一些燃燒的力量與體質的重量,有時竟也會由此轉而得到一種『猝然,一種剃刀似的鋒利』」顯然,唐湜跟王佐良一樣,也留意到穆旦詩風與他文字的關係,而且同樣指出這是一種對中國文字的陌生而產生

---

[6]　唐湜:《穆旦論》,載《"九葉詩人"評論資料選》,頁 337-354。以下該篇引文均引自此,不另加註。可注意的是,在唐湜的論集《新意度集》(北京,三聯書店,1990)裡,本文改題作《搏求者穆旦》,文字也跟上述《穆旦論》略有刪改。此處引文以《穆旦論》為準。

[7]　在《搏求者穆旦》裡,唐湜把 Delightful 與 Smooth 譯為「喜悅」及「輕柔」,見《新意度集》,頁 103。

出來的力量。

　　上述是目前所見 40 年代僅有的四篇對穆旦詩歌的專論，此外還有幾篇也論及穆旦詩歌的論文。在這些散篇中，以袁可嘉對穆旦的評論最可注意。

　　袁可嘉是「九葉派」的「理論家」之一，當時正積極提出「新詩現代化」的主張。袁氏不滿當時「十分流行的以浪漫為骨髓而缺乏真正浪漫主義者所賴以自存的想像偉力，現實為糖衣而缺乏真正現實主義者的深刻觀察的混合傾向」，認為這種「混合」其實質只是「以特定的內容為囚籠以代替聲韻格律的形式主義，以一種窄狹教條代替他種不容忍方式的集體主義，固步自封於十九世紀的感性而以落後五十年作為進步事實的謊言謬說；以龐大觀念的影子掩飾思想感覺的貧乏遲鈍，以粗暴代替有力，感傷代替感動，滑稽代替幽默，無賴代替諷刺；以散文化為藉口大量生產不足以稱為散文的惡劣詩篇的總稱」[8]。「新詩現代化」正是為改革上述「充滿傳染、威脅、混淆迷亂氣氛」而提出的，它主張一種「現實、象徵、玄學的綜合」的現代詩歌。具體而言，「現實表現於對當前世界人生的緊密把握，象徵表現於深厚含蓄，玄學則表現於理智感覺，感情，意志的強烈結合及機智的不時流露。」

　　作為這種新的現代詩歌的例子，袁可嘉舉了穆旦的《時感》來作說明，認為「這詩裡現實，玄學，象徵的綜合情形似過於明

---

[8]　袁可嘉：《新詩現代化——新傳統的尋求》，載《"九葉詩人"評論資料選》，頁 13-19。以下該篇引文均引自此，不另加註。袁可嘉論「新詩現代化」的文章共有五篇，分別是《新詩現代化》、《新詩現代化的再分析》、《新詩戲劇化》、《談戲劇化》及《詩與民主》，收入《半個世紀的腳印——袁可嘉詩文選》(北京，人民文學，1994)，可參看。

顯，可信托於讀者自己，在這意象比喻的特殊結構上尤可清晰見出；這樣的詩不僅使我們有情緒上的感染震動，更刺激思想活力；在文字節奏上的彈力與韌力(Toughness)更不用說是現代詩的一大特色。」在袁可嘉看來，穆旦的詩作就是他提倡的新詩現代化的典範。他甚至極具慧眼地「預言」：「穆旦的搏鬥的雄姿，拼命地思索，拼命地感覺，而又不顧一切要訴之表現的鏡頭是北方讀者所熟悉的……我個人覺得他是這一代的詩人中最有能量的、可能走得最遠的人才之一」[9]。

陳敬容以默弓的筆名寫的《真誠的聲音——略論鄭敏、穆旦、杜運燮》，在談到穆旦的詩歌時說「穆旦的詩比較強烈，凸出，讀他的詩往往使人頓時感到緊迫，彷彿有一種什麼力壓縮在字裡行間，把你吸住。他用深入——深入到剝皮見血的筆法，處理著他隨處碰到的現實題材。無論寫報販，洗衣婦，戰士，神或魔鬼，他都能掘出那靈魂深處的痛苦或歡欣。」[10]

以上就是截至 1949 年的對穆旦詩歌的評論[11]。由於穆旦的三本個人詩集均出版於 1949 年前，所以這裡的評論基本上已涵蓋穆旦詩作的大部分。總括而言，上述各篇雖然切入點各有不同，可是他們對穆旦詩歌的看法卻基本一致。他們都注意到穆旦詩中那種矛盾的、痛苦的、受難的情感，明白到這是一種理想與現實間搏鬥的結果；注意到將這種矛盾複雜心情跟穆旦肉感與玄思並重的創作手法、著重對現象的深入發掘的思維方式聯繫；注意到穆

---

[9]　袁可嘉：《詩的新方向》，載《"九葉詩人"評論資料選》，頁 2-3。

[10]　見《"九葉詩人"評論資料選》，頁 66。

[11]　唐湜在 1948 年寫的《詩的新生代》也有論及穆旦，然因其論點在《穆旦論》已有涉及，故本文不作討論。

旦詩歌語言雖有晦澀之處，可這是一種現代的、跟傳統絕然不同的新的語言，它是鋒利的、能剝皮見血的現代詩語言。

　　90 年代李怡在總結這些評論時說：「40 年代的穆旦研究都出自一批優秀的詩人和譯詩家筆下，他們對詩的天才般的感受力是後來的一些文學史研究者所不能比擬的，這充分保證了這些研究的質量。直到今天，穆旦同學和詩友的這些最早的詩歌感受也常常成為今天研究的重要依據。不過，一位優秀的詩人僅僅只能由他的同學、詩友們來撰文評述，這似乎也是不夠正常，它表明，穆旦詩歌的價值在 40 年代還沒有得到更廣泛的注意。」[12]這的確是讓人遺憾的。不過，相對於此後接近三十年的默默無聞以至英年早逝，這未受廣泛注意，對穆旦而言，似乎也不算什麼了。

第二節　80 年代至今：拓展期

　　80 年代至今的穆旦研究可謂碩果纍纍，最重要的是兩本由穆旦詩友及家屬編輯的紀念論文集：1987 年由杜運燮等編、江蘇人民出版社出版的《一個民族已經起來》，以及 1997 年也是由杜運燮等編、北京師範大學出版社出版的《豐富和豐富的痛苦》；還有就是由李方編輯的、作為「20 世紀桂冠詩叢」之一的《穆旦詩全集》在 1996 年出版。上述這三本書，為我們研究穆旦生平、詩學淵源、詩觀、詩歌特色等提供了豐富、詳實的資料，特別是《穆旦詩全集》的整理出版，為我們研究及評論穆旦詩歌提供了可靠

---

[12] 李怡：《穆旦研究述評》，載《詩探索》，1996 年第四輯，頁 62。

的版本。同時，1988 年 5 月 25 日召開的「穆旦學術討論會」也標誌著穆旦研究正式成為當代學者的課題。

　　綜括而言，80 年代以來的穆旦研究可從以下幾個方面來說：

(一) 重新發掘、介紹穆旦生平資料及其詩學淵源

　　《一個民族已經起來》及《豐富和豐富的痛苦》這兩本論文集收入了多篇由穆旦朋友、家屬及晚輩撰寫的回憶文章，《穆旦詩全集》後附有由李方編寫的《穆旦(查良錚)年譜簡譜》，這些都是了解穆旦生平不可多得的第一手資料，為我們了解穆旦詩歌形成的歷程，以及理解穆旦詩歌提供了線索。另外，由於穆旦生前沒有留下專門談詩的論文，所以這些朋友及晚輩的零星回憶，為我們提供了解穆旦詩學的重要資料。值得一提的是，1997 年出版了曹元勇編的穆旦詩文集《蛇的誘惑》，其中第二輯「文論‧書信」收錄了穆旦由中學開始寫論文、譯序五篇，以及他寫給兩個年輕朋友郭保衛、孫志鳴談詩的信，是目前了解穆旦詩學的珍貴材料；另外，1999 年出版的《穆旦代表作》裡也收錄有他的文論，其中評艾青的《〈他死在第二次〉》及評卞之琳的《〈慰勞信集〉——由〈魚目集〉說起》，原是登在 1940 年香港《大公報》的，是穆旦僅有的兩篇書評。姚丹的《西南聯大歷史情境中的文學活動》，除了為我們展示了西南聯大的日常生活、課程設置、師生創作外，更找到了一篇穆旦尚未被收錄的佚詩《一九三九年火炬行列在昆明》。類似的論文尚有李方的《穆旦早期佚詩二首及其筆名考》。[13]

---

[13] 載《東嶽論叢》，1995 年第 6 期，第 101~102 頁。

同時值得一提的是，據殷之、夏家善披露的《詩人穆旦早年在天津的新詩創作》一文，找到穆旦在高中時發表在《南開高中學生》上的幾篇詩文，知道「反映人民疾苦是穆旦中學時期詩作的主要內容。」[14]「還寫有一些表述對世界的看法以及對人生追求的詩作」[15]，我們還可從穆旦中學時期一篇論文《〈詩經〉六十篇文學評鑑》看到，穆旦「中學時期更多地受到了我國古典詩歌優秀傳統的熏陶」[16]。這些早期文章的披露，除了使我們得知穆旦的早熟及早慧外，更可使我們認識穆旦詩學的由來，及重新考慮穆旦與中國古典文學的關係。

(二) 重新評價穆旦在 20 世紀中國文學史上的地位[17]

由於眾所周知的原因，作為詩人的穆旦由 1949 年至 1979 年這三十年間幾乎是沉默的，不為人認識的，反以查良錚這翻譯家的身份為人熟知。1979 年之後，隨著《九葉集》(1981 年)、《穆旦詩選》(1986 年)以及《一個民族已經起來》(1987 年)的出版，穆旦已漸為人熟悉，研究者也由朋友的小圈子擴展到許多現代文學研究的專業學者；穆旦在 20 世紀中國文學史，特別是 20 世紀

---

[14] 該文載《一個民族已經起來》，引文見頁 101。

[15] 同上，頁 104。

[16] 同上，頁 106。穆旦評《詩經》的長文現分別收進曹元勇編、穆旦著：《蛇的誘惑》，珠海出版社，1997 年；及中國現代文學館編：《穆旦代表作》，華夏出版社，1999 年。可參看。此外，應之的《<兒童花園>與查良錚》也是報導穆旦早年作品的，可參看。載《一個民族已經起來》，頁 109。

[17] 穆旦在中國現代文學史上的被接受過程很值得做一篇論文探討，它反映的除了是作家在時代變動過程中的浮沉變遷外，更是中國現代詩歌發展史的一個側影，以至 20 世紀中國文學史書寫的富啟發的案例。

漢語詩史上的地位也得到重新的評價。[18]

　　王佐良認為「穆旦是到達中國詩壇的前區了,帶著新的詩歌主題和新的詩歌語言,只不過批評家和文學史家遲遲地不來接近他罷了。」[19]在回顧現代主義在中國發展的歷程時,王佐良說:「從西南聯大還湧現出來一批學生詩人,其中頗有幾個現代派……而把現代主更加推進一步的則是穆旦。」[20]他並且把穆旦列在戴望舒、艾青、卞之琳、馮至等之後,成為中國新詩現代主義的最後一個代表。[21]

　　袁可嘉稱讚穆旦「所表現的現代知識份子那種近乎冷酷的自覺性是新詩歷史上少有的」[22];又從他主張的「新詩現代化」的角度出發說「穆旦是站在四十年代新詩潮的前列,他是名副其實的旗手之一」[23],「要問穆旦這位詩人的位置何在,我說,他就在四十年代新詩現代化的前列。」[24]

　　唐湜承認「穆旦在現代詩藝上的成就,在『九葉』之中是比較高,比較突出的。」[25]

---

[18] 可參看李焯雄:《慾望的暗室和習慣的硬殼 —— 略論穆旦戰時詩作的風格》一文的「前言」部分,載《豐富和豐富的痛苦》,北京師範大學出版社,1997 年,頁 43。

[19] 王佐良:《穆旦:由來與歸宿》,載杜運燮等編:《一個民族已經起來》,江蘇人民出版社,1987 年,頁 5。

[20] 王佐良:《中國新詩中的現代主義《穆旦詩集〉一個回顧》,載王佐良著:《語言之間的恩怨》,天津人民出版社,1998 年,頁 230-231。

[21] 參見上引書,頁 236。

[22] 袁可嘉:《詩人穆旦的位置》,載袁可嘉著:《半個世紀的腳印——袁可嘉詩文選》,人民文學出版社,1994 年,頁 153。

[23] 同上,頁 157。

[24] 同上,頁 158。

[25] 唐湜:《憶詩人穆旦》,載《一個民族已經起來》,頁 153。

　　藍棣之在考察完穆旦詩歌演變的過程後，對比李金髮、戴望舒、聞一多等的現代詩作，認為穆旦「集中地表現了西方現代詩的長處和對傳統的忽視，相當地歐化，但因此也就相當深地表現了現代人的獨特體驗和現代主義的理性，詩的面貌也煥然一新。這乃是他的成就，但缺點也就在其中了。這個特點，甚至是他區別於其他同時崛起的聯大詩人的地方。……穆旦詩正是在現代主義精神和現代派藝術手法方面，給中國新詩帶來了比聞一多、李金髮、戴望舒更新的東西，並且也區別於馮至和卞之琳，從而給後世以啟發。」[26]

　　李怡認為，在中國新詩接受西方文學的過程中，「穆旦的意義就在於他在中國現代詩歌史上第一次全面而徹底地引入了西方詩歌、西方文化中難能可貴的多元剛性意識。」[27]從人生體驗態度而言，「我們可以認為穆旦的詩是最現代，最『西化』的，但發人深省的還在於：這種現代化、西化同時又表現為十分鮮明的現實性、中國性。」[28]而「穆旦詩歌的形式和它審美觀念的更新一樣具有開創性的貢獻。」[29]

　　這裡可注意的是錢理群跟鄭敏對穆旦的評論。

　　錢理群在其專著《豐富的痛苦——「堂吉訶德」與「哈姆雷特」的東移》裡，除了題目借用了穆旦的詩句外，更把穆旦看成40年代末前「中國式哈姆雷特」的最後一位代表。錢理群認為，

---

[26] 藍棣之：《論穆旦詩的演變軌跡及其特徵》，載藍棣之著：《正統的與異端的》，浙江文藝出版社，1988年，頁317-318。

[27] 李怡：《黃昏裡那道奪目的閃電——論穆旦對中國現代新詩的貢獻》，載《中國現代文學研究叢刊》，1989年第4期，頁205。

[28] 同上，頁206。

[29] 同上，頁211。

穆旦跟莎士比亞筆下的哈姆雷特一樣,「經歷了理想的破產,精神的幻滅。而且是更加深刻」[30],而且由於穆旦的獨特經歷,他也像那位丹麥王子般轉向內省,「他更懷疑的是自己:不僅這世界出了問題,連自己的追求、理想本身,也應該提出置疑。」[31]錢理群說:「就懷疑的、內省的思維而言,穆旦確實具有哈姆雷特氣質,但他的現代人思維方式……是站在自己的時代高度,對十七世紀的丹麥王子,有所超越,他是名符其實的現代的、中國的『哈姆雷特』。」[32]最重要的,錢理群認為穆旦達到了唐祈所說的「他也許是中國詩人裡最少絕對意識(而中國大多數詩人卻都是浮淺的絕對主義者),又最多辯證觀念的一個。」而這「本是魯迅已經達到的高度」,因而「穆旦是少數經過自己的獨特體驗與獨立思考,真正接近了魯迅的作家」[33]。考慮到魯迅在中國現代文學史、思想史上的地位,錢理群的這一評價無疑具有重大的意義。

　　「九葉派」詩人鄭敏在 1993 年發表《世紀末的回顧:漢語語言變革與中國新詩創作》,引起當時極大的討論。文中,鄭敏批評新文學運動的先驅們大加提倡白話文,貶抑古典文學的做法是一種「寧左勿右的心態」,對新文學,特別是新詩的創作有負面影響,因為「只強調口語的易懂,加上對西方語法的偏愛,杜絕白話文對古典文學語言的豐富內涵,包括杜絕對其中所沉積的中華幾千年文化精髓的學習和吸收的機會,白話文創作遲遲得不

---

[30] 見該書頁 310,時代文藝出版社,1993 年。
[31] 同上,頁 312。
[32] 同上,頁 314。
[33] 同上,頁 313。

到成熟是必然的事。」[34]鄭敏認為,這種做法的「損失和後患是難以做估計的,無形的。」[35]可是在這篇文章中,她卻推崇說:「(到了 40 年代)年青詩人中穆旦完全擺脫了口語的要求。他的語言直接來自無秩序、充滿矛盾、混亂的心靈深處,好像從一個煙霧瀰漫的深淵升出,落在他的筆下,語言的扭曲、沉重、不正規更真實地表達了詩人的心態,但穆旦的詩語並不缺乏音樂性,只是這不是一種和諧的流暢音樂。他是 40 年代最早一個詩人以語言宣告他已走出虛幻的理想,站在世界的紛亂複雜面前,思考自己的、民族的和人類的命運……像這樣充滿現代意識的詩中,語言早已離開白話文運動時的要求很遠很遠了。但它主要的來源卻是西方的語言文學,因為穆旦的成長注定他比卞之琳、戴望舒、馮至離古典文學更遠了」[36]。顯然,這是個跟自己要求有矛盾的看法,而且穆旦與胡適在詩學上也不是沒有聯繫的(請參看下文及本文第三部分的「理論篇」);但從另一角度看,穆旦之「遠離」古典文學所得到的成就,似乎也得到今天要求重新返回古典文學尋求資源的鄭敏先生的肯定。這的確是值得我們深思的問題。

　　如果說,上述幾位論者對穆旦的評價還只局限於他對中國現代主義詩歌的影響及貢獻,那麼當 1994 年《二十世紀中國文學大師文庫·詩歌卷》的主編把穆旦列作 12 位詩歌「大師」的首席時,則穆旦在 20 世紀現代漢詩史上的地位似乎也得到了某個恰當的

---

[34] 見鄭敏:《結構—解構視角:語言·文化·評論》,清華大學出版社,1998 年,頁 92。

[35] 同上,頁 93。

[36] 同上,頁 105-106。

評價。[37]據編者解釋，他們的評判標準是「詩歌文本的審美價值及其對詩史的影響。一部作品是否擁有美學價值，它為現代詩的發展提供了什麼，它為現代詩發展帶來了什麼樣的影響。」[38]他們認為，「穆旦是中國現代詩最遙遠的探險者、最傑出的實驗者與最有力的推動者。宛若以身飼虎的薩埵太子，他把一生都奉獻給了詩歌，是一個完整意義上的詩人——不僅以創作推進現代詩的發展，並且以拜倫和普希金詩歌的最佳翻譯啟發現代詩的建設。」[39]姑勿論這些評語有否商業炒作的誇大，但就其推崇穆旦的詩作來說，本文認同李怡的說法，「是獨具慧眼的」。[40]

　　與此同時，穆旦的名字開始進入各種文學史類的著作。遺憾的是，儘管著者都對穆旦持較高的評價，但也只把他列作「九葉詩派」或「中國新詩派」的一員來討論[41]，很少有把他列作獨立一章的。[42]

---

[37] 筆者並不全部認同該卷編者所選的十二位作者為 20 世紀中國新詩的「大師」。我以為這份名單跟許多國內的現代文學史一樣，存在著「大陸中心」傾向，忽略了台灣、香港等地的創作。比如，20 世紀中國新詩「大師」的名單裡，台灣的洛夫、余光中、鄭愁予等便應屬「候選名單」之列。

[38] 見《純潔詩歌》，載張同道、戴定南主編：《二十世紀中國文學大師文庫·詩歌卷》(上)，海南出版社，1994 年，頁 3。

[39] 《帶電的肉體與搏鬥的靈魂》，出處同上，無頁碼。關於對穆旦的評論，可參看該卷主編之一的張同道的專著：《探險的風旗——論 20 世紀中國現代主義詩潮》，安徽教育出版社，1998 年版。裡面有《帶電的肉體與搏鬥的靈魂：穆旦》一節，見該書頁 317-340。

[40] 同註 12，頁 64。

[41] 舉例可參看謝冕：《新世紀的太陽——二十世紀中國詩潮》，時代文藝出版社，1983 年，頁 222-230；孫玉石：《中國現代主義詩潮史論》，北京大學出版社，1999 年，頁 294-400。

[42] 比如錢理群、溫儒敏、吳福輝合著的《中國現代文學三十年》(修訂本)，雖對 1987 年的初版作了大量的改動、增補，但僅把穆旦列作第二十六章「新詩(三)」「從馮至等校園詩人群到以穆旦為代表的『中國新詩派』」中的一節，但未有

(三) 多角度深入研究穆旦詩作

進入 1980 年代以後，隨著研究者的增加，學者們開始對穆旦的詩歌從各種不同的角度切入分析。這些角度，既有繼續前人的探索，也有運用新理論視角的拓展，大略如下：

1.追縱穆旦與西方現代詩的淵源

在 1940 年代王佐良、周珏良的文章中已提到穆旦深受西方現代派詩人的影響，80 年代之後，王佐良的《穆旦：由來與歸宿》、《談穆旦的詩》，周珏良的《穆旦的詩及譯詩》、趙瑞蕻的《南岳山中，蒙自湖畔》都談及穆旦在西南聯大學習時受到的西方現代主義文學的教育，特別強調了著名現代詩人、理論家燕卜遜在聯大的教學對傳播艾略特、奧登等西方現代主義詩歌的影響；此外，這些文章也透露了穆旦的現代主義詩風不是從來如此的，之前他的風格是近於英國浪漫主義詩人以至美國的惠特曼的。[43]

專章討論。該書中被列作專章討論的詩人只有郭沫若及艾青兩位。參見該書，北京大學出版社 1998 年出版。李焯雄認為，「長期以來的政治因素令穆旦就是重新受注視，也不能獲得公平的評價」，出處見註 18，頁 58。

[43] 比如，王佐良說「原先在清華園的時候，他寫雪萊式的抒情詩」，見《談穆旦的詩》，載《豐富和豐富的痛苦》，頁 1。類似的說法也見其《穆旦：由來與歸宿》。周珏良回憶說他們當年首先接觸的是「英國浪漫派詩人」，見《穆旦的詩和譯詩》，載《一個民族已經起來》。趙瑞蕻回憶說，在南岳時「穆旦除喜歡拜倫、雪萊、葉慈外，也特別喜歡讀布萊克。」見《南岳山中，蒙自湖畔》，載《一個民族已經起來》，頁 173；還說「穆旦也十分喜歡惠特曼。他愛《草葉集》到一種發瘋的地步，時常念，時常大聲朗誦」，出處同上，頁 180。此外，還可參看姚丹：《西南聯大歷史情境中的文學活動》中第七章第二節「從浪漫主義到現代主義」，廣西師範大學出版社，2000 年，頁 239-241。

可是，上述諸位先生的文章只概略地談到穆旦所受到的西方現代詩的影響，沒有深入具體的分析。直到 2000 年，廣州中山大學的陳林以《通向上帝之路——穆旦對艾略特詩藝的接受》[44]為題作碩士論文，全面分析穆旦詩歌中艾略特的影響。

該文將穆旦對艾略特詩藝的接受，主要劃分為三大部分進行詳細的文本比較分析：穆旦對艾略特詩學理論的接受，對艾略特詩歌辭彙、意象和抒情主人公形象的接受，以及對艾略特宗教意識的接受。文中指出，在詩學理論方面，穆旦對艾略特的「非個性化」理論、「客觀對應物」理論、「智性」和「思想知覺化」、「陌生化」手法、「詩歌戲劇化」理論有著自覺的接受，可是陳林強調「儘管穆旦是通過接受艾略特的決定性的影響使自己『現代化』了，他的這種『現代化』仍然是對艾略特詩學理論的變形，變形之後形成了自己的風格特色。」因為，「即使在接受了『現代化』的詩學理論之後，穆旦仍然創作了不少浪漫派的抒情詩」，文中結論說「浪漫主義的理想是穆旦的終極追求，浪漫主義的氣質不斷地驅使他積極行動，拼命地感受和思索；現代主義的作品則是他真實生活狀態的反映，是他藝術地感受生活、表現生活的方式；浪漫主義鼓舞著他的詩情，現代主義則調整著他作品的藝術水準。因此他的作品往往表現出浪漫主義基調和現代主義手法的交融。」[45]這是一個非常準確的觀察，可是陳林只講了穆旦對

44　陳林先生此文未曾正式發表，本文此處所有引文均出自網頁「穆旦：新詩的終點」，網址為 http://mudan.myrice.com/first.htm。陳林以「枯荷聽雨生」的網名分次在該網的留言板上 http://abc.yesite.com/cgi-bin/abc.cgi?owner=mudan 發表了該文。
45　見《尋找現代性——穆旦對艾略特詩學理論的接受》，出處同上。

艾略特的接受，沒有具體分析穆旦是如何看現代主義、浪漫主義。
本文將對此有進一步論述。

　　在談到穆旦對艾略特詩歌辭彙、意象與抒情主人公形象的接受
時，陳林指出，「穆旦詩中的典故，很多就來自於艾略特的作品。……
主要有兩種技法，一是『橫向移植』，將艾略特的辭彙直接搬用到
自己的詩句中。……另一個技法，就是『點化演繹』，也就是說，
穆旦在詩中並不生搬硬套艾略特的辭彙和意象，而是有所變通，將
它們推演成其他類似的意象。」接著舉例分析了艾略特的《普魯弗
洛克的情歌》等五部作品與穆旦詩中意象的類同處，並且著重指出
穆旦詩中的「自我」的形象在很大程度上借鑒了普魯弗洛克，認為
「穆旦筆下的抒情主人公(「自我」)是敏感和自覺的，時時意識到
自己和周圍環境的衝突；同時又是自相矛盾和人格分裂的，總是在
自我肯定與否定的兩極之間搖擺遊移。……他們都以普魯弗洛克的
形象為原型。」[46]該文同時認為，「穆旦的信仰重構過程受到了艾
略特宗教意識的重要影響，同時催生了他不少藝術上的精品。這表
明艾略特對穆旦的影響是非常內在和深刻的。但他們信仰的內容、
性質、發展和歸宿都有著根本的不同。穆旦轉向上帝是臨時的應急
策略，更多的是文學的表現手法。在他和上帝相互遺棄之後，個性
主義、愛國主義、詩歌藝術和共產主義成為他精神的支柱，因而對
穆旦而言是一種廣義上的宗教信仰。」[47]

---

[46] 見《中國式的普魯弗洛克——穆旦對艾略特詩歌辭彙、意象與抒情主人公形象
　　的接受》，出處同上。
[47] 引自該文「結論」部分，出處同上。

　　陳林的這篇文章可以說是當前穆旦研究一個突破性的成果，使人們對穆旦與西方現代派、特別是艾略特的詩學淵源有個具體的了解，而不再是虛泛的認識，為王佐良等前輩對穆旦的評論提供了詳細的例子。但是，我覺得陳林這篇文章有點「以果推因」的硬套，因為如果按其分類，則九葉派中鄭敏、杜運燮等甚至卞之琳、馮至等詩人都可找到受艾略特詩學影響之處；我們甚至可以問：哪一個中國現代派詩人能不受艾略特的影響呢？可是這種實證研究的做法，卻是穆旦研究中值得提倡的。

2.穆旦詩歌與現實的關係

　　大部分的評論者都注意到，穆旦詩歌雖受到西方現代主義的影響，但並沒有追隨西方現代主義的悲觀主義、虛無主義甚至頹廢的地步，而是深深地植根於 40 年代以來中國社會各種深重的現實當中的。早在 40 年代，王佐良等論者已指出此點。80 年代之後，王佐良說「穆旦的現代主色彩是鮮明的，但是這是一種同現實——戰爭，流亡，通貨膨脹等等——密切聯繫的現代主義。」[48]袁可嘉說「穆旦在反映現實上有深厚凝重而自覺的特點」[49]。鄭敏說「穆旦是一個充滿對舊時代憤恨的詩人，他的詩以寫矛盾和壓抑痛苦為主。他的詩體現了第二次大戰期間人們對暴力的反抗精神，對黑暗腐敗的憤怒，和對未來帶著困惑的執著追求。」[50]唐祈說穆旦「注重表現時代內容和社會意義，很少有西方現代派的

---

[48] 同註 20，頁 234。

[49] 袁可嘉：《<九葉集>序》，載《半個世紀的腳印》，頁 139。

[50] 見《詩人與矛盾》，載鄭敏：《詩歌與哲學是近鄰——結構—解構詩論》，北京大學出版社，1999 年，頁 45。

迷惘、空虛和幻滅感，而更多的是憂憤、矛盾和拼搏。」[51]樓肇
明說「穆旦一開始就自覺地把民族的苦難和個人的苦難結合起來」
[52]謝冕說「穆旦把他的詩筆的思考嵌入現實的血肉，他是始終不
脫離中國大地的一位，但他又是善於苦苦冥思的一位，穆旦使現
世的關懷和永恒的思考達於完美的結合。」[53]邵燕祥說「作為一
個對中國民族的苦難和力量有所自覺的現代知識份子，通過自己
的體驗和刻劃，使自己的詩成為那個時代的痛苦和矛盾形成的一
個知識份子的痛苦和矛盾的表徵：這就是穆旦。」[54]《穆旦詩集》
的日文譯者秋吉久紀夫認為「穆旦的詩是反映社會現實的，但它
是以人類與生俱來的痛苦所交織成的種種矛盾和衝突為對象。這
種獨特的詩的旋律，在中國詩歌的漫長的歷史中，可以說還未曾
有人奏響過。」[55]藍棣之認為「穆旦詩的過半數，寫的是現實社
會中的個人命運和個人感受，寫的是一個思想感情極度複雜的知
識份子在現實社會中的感受，和殘酷黑暗的現實給一個敏感的心
靈帶來的扭曲和在這個過程中形成的智慧。」[56]李怡說「同魯迅
的散文詩、雜文一樣，穆旦的詩歌具有鮮明的時代性、西方化色
彩，但又無不是深深反扣在中國司空見慣的現實人生中」[57]。

[51] 見唐祈：《現代傑出詩人穆旦——紀念詩人逝世十周年》，載《一個民族已經
　　起來》，頁 55。
[52] 見《一個藍色的不沉的湖泊》，載《北方文學》，1982 年第 1 期，轉引自《一
　　個民族已經起來》，頁 127。
[53] 謝冕：《一顆星亮在天邊——紀念穆旦》，載《豐富和豐富的痛苦》，頁 12。
[54] 邵燕祥：《重新發現穆旦》，載《豐富和豐富的痛苦》，頁 34。
[55] [日]秋吉久紀夫：《祈求智慧的詩人——穆旦》，載《豐富和豐富的痛苦》，頁
　　38。
[56] 同註 26，頁 306。
[57] 同註 27，頁 211。

　　上述只是對穆旦詩歌與現實關係的部分評論。它們除了讓我們更認清穆旦詩歌的取材來源外，似乎更印證了葉維廉對中國現代主義的一個觀察：「在中國，現代性、現代繼起的現代主義從一開始便與西方帝國主義霸權的殖民企圖牽連，是被迫走向現代化，……中國的作品，既是『被壓迫者』對外來霸權和本土專制政體的雙重宰制作出反應而形成的異質爭戰的共生，所以它們一連串多樣多元的語言策略，包括其間襲用西方的技巧，都應視為他們企圖抓住眼前的殘垣，在支離破碎的文化空間中尋索『生存的理由』所引起的種種焦慮。有一點是最顯著的，就是，中國作家的激情——焦慮、孤絕、猶疑、懷鄉、期望、放逐、憂傷，幾乎找不到『唯我論』式，出自絕緣體的私秘的空間，它們同時是內在的、個人的，也是外在的、歷史的激情，個人的命運是刻鏤在社會民族命運上的，因為它們無可避免地是有形殖民和無形殖民活動下文化被迫改觀、異化所構成的張力與苦痛的轉化，像大部分第三世界的作品一樣，它們不得不包含著批判的意識，雖然不一定帶有批判的語句。這些作品往往充滿憂患意識。為了抗拒本源文化的錯位異化，抗拒人性的殖民化，表面彷彿寫的是個人的感受，但絕不是『唯我論』，而是和全民族的心理情境糾纏不分。現代中國的作品大部分都如此。」[58]我以為，這應是理解穆旦詩歌與當時社會現實，以至穆旦詩中的受難的、痛苦的矛盾形

---

[58] 見葉維廉：《被迫承受文化的錯位——中國現代文化、文學、詩生變的思索》，載《創世紀》詩雜誌，1994 年第 100 期，頁 9-10。可注意的是，葉維廉在上引評論的後面，正是舉了穆旦《我》為例，說「在現代中國這樣獨特的文化場域裡，個人與民族是不分的，這裡寫的也是外來霸權所引發的中國文化的分裂，既是個人的也是民族的『既愛猶恨說恨還愛』的情結。」見該文頁 11。

象最好的提示。本文後面對穆旦如何看待詩與現實生活將進一步
分析。

3.總結穆旦的詩歌風格

從 1940 年代王佐良等開始，評論者已注意到穆旦詩中那種
矛盾的、痛苦的、受難的情感，並指出這是穆旦的一個「謎」。
80 年代以後，論者幾乎都認同這種看法。比如鄭敏說「穆旦的詩，
或不如說穆旦的精神世界是建立在矛盾的張力上，沒有得到解決
的和諧的情況上。」[59]唐祈說「他對自然、社會、人生和愛情，
都採取冷峻自覺的態度。在一切苦難的歷程中折磨自己的靈魂，
在內心世界進行殘酷的自我搏鬥，以一顆孤獨的探險者的心尋求
著理想，創造出詩的形象。」[60]李焯雄認為「穆旦詩的基本風格
是悲觀和冷靜的。」[61]張同道認為「他是代表時代良心和知識者
的靈魂去受難，以獨具的敏銳、灼痛的情感與自覺的詩心赤裸裸
地領受這個世界。」[62]藍棣之認為穆旦的詩「對現實人生失望和
嘲諷，而又處處都有痛苦和掙扎。他的詩……是表達在現實的矛
盾面前，他各種心理狀態，他的思緒。」[63]

(1)穆旦的創作手法

自從王佐良在 40 年代指出穆旦詩的創作手法是「肉體與形

---

[59] 同註 50，頁 47。
[60] 同註 51，頁 57-58。
[61] 同註 18，頁 55。
[62] 張同道：《帶電的肉體與搏鬥的靈魂：穆旦》，載《豐富和豐富的痛苦》，頁 86-87。
[63] 同註 26，頁 311。

而上的玄思混合」，以及袁可嘉把穆旦引為「現實、象徵、玄學的綜合」的「新詩現代化」的代表之一後，後來的評論者大都循著這些提示去研究穆旦的詩。

王佐良在之前的基礎上補充說：「就穆旦而論，他從現代主義學到的首要一點是：把事物看得深些，複雜些。」[64]袁可嘉說「在穆旦那些最佳詩行裡，形象和思想密不可分，比喻是大跨度的，富於暗示性，語言則鋒利有力，這種現代化的程度確是新詩中少見的。」[65]杜運燮說「穆旦是中國最早有意識地採取葉芝、艾略特、奧登等現代詩人的部分表現技巧幾個詩人之一。」又說「他注意文字簡潔，精心錘煉。……為了在最少的文字中裝進最大容量的思想感情，他用字幾乎達到吝嗇的地步。但總的來說，他使用的都是現代口語。他的比喻，特別是暗喻，也壓縮得很緊，再加上聯想的跳躍，使讀者有時需要多想一會兒或再讀一兩次」[66]。唐祈認為「無論取材於自然或社會現象，他的詩的意象中都有許多生命的辯證的對立、衝擊和躍動，表現出現代人的思維方式。詩人總是以自我的生活感受與內在的情感同化外在的一切，展示詩人心靈內層的思想感情，使抽象觀念與官能感覺能夠密切融合，『使思想知覺化』。」[67]孫玉石說穆旦「努力在抽象概念與具體形象的結合中，追求傳達的感情密度大，方法的獨特新穎和理性成分的介入，再加上他運用很多精心獨創的暗喻和意象聯想上的跳躍，就使他的詩具有一種沉厚的新奇、鋒利和澀重，同

---

[64] 《談穆旦的詩》，載《豐富和豐富的痛苦》，頁 4。
[65] 同註 22，頁 155。
[66] 杜運燮：《穆旦詩選・後記》。
[67] 同註 51，頁 59。

時也帶來了讀者接受上極大的陌生感。」[68]李怡說：「穆旦詩歌的抒情方式大量採用內心直白、抽象而直接的理智化敘述，他始終把自己的主觀意識看得高於一切，不那麼願意『隨物宛轉』，相反，倒是所有的物象都在他波瀾起伏的情緒之海裡飄流。」[69]同時，「穆旦詩歌大多採用了時間結構方式。在這裡，你已經很難找到那個圓融渾成的空間框架了，一切都隨詩人的情思滔滔奔流，思維跳躍、閃爍度相當大。」[70]

　　細心的讀者會留意到，上述各種對穆旦詩歌創作手法的概括，基本上可在 40 年代袁可嘉提倡的「新詩現代化」系列文章中找到，而袁可嘉的詩學理論基本是英國新批評派的[71]，從這也可反證穆旦的創作手法受到以艾略特為代表的英國新批評派的影響，以及明白袁可嘉稱讚穆旦「在四十年代新詩現代化的前列」的原因。

(2)對穆旦 1940 年代後的作品的評論

　　穆旦的主要作品均出版於 1940 年代，建國之後，穆旦大部分時間埋首於創作，50 年代只發表了 11 首作品，其後的 20 年裡，他被剝奪了公開發表作品的權利，直到文革後期的 1976 年才重新恢復創作。對於這批作品，目前評論界有些不同意見。

　　王佐良認為這些作品「同過去一樣是當代口語而去其蕪雜，是平常白話而又有形象的色彩和韻律的樂音。」而且，「當年現

---

[68]　孫玉石：《解讀穆旦的<詩八首>》，載《豐富和豐富的痛苦》，頁 20。

[69]　同註 27，頁 213。

[70]　同註 27，頁 214。

[71]　關於袁可嘉的新詩批評理論，可參看臧棣：《袁可嘉：40 年代中國詩歌批評的一次現代主義總結》，載《文藝理論研究》，1997 年第 4 期，頁 85-92。也可參看袁可嘉本人為《半個世紀的腳印——袁可嘉詩文選》寫的《自序》。

代詩的特別『現代味』的東西也不見了……這也是穆旦成熟的表
徵」[72]。周珏良認為「這時的詩比之以前就更有了深度」[73]，「就
總體而言，穆旦晚年的詩基調是堅強而執著於追求，從來沒有悲
觀消極。」[74]秋吉久紀夫認為「在孤獨的寂寞之中，他的第三時
期的詩歌實在是寒冷的。但是，他看透了外部世界正在發生的現
象」[75]。張同道認為「穆旦晚年詩作更具深度，保持了一貫的先
鋒性和高度的美學水準，詩語也不再那麼晦澀了。」[76]鄭敏則說
「一個能愛，能恨，能詛咒而又常自責的敏感的心靈在晚期的作
品裡顯得淒涼而馴服」[77]。

　　值得注意的是香港詩人黃燦然的一篇《穆旦：讚美之後的失
望》。該文極力推崇穆旦在 40 年代的詩作，認為足以「把多少西
方響噹噹的同行比下去」，並有資格取得諾貝爾獎的。[78]可是他
對穆旦晚年的作品「頗為失望」，因為「其中五十年代的作品完
全加入了當時口號詩和教條詩的大合唱。」[79]由此他認為「穆旦
後期詩，……恰恰是把詩歌當成工具。當他寫這些詩的時候，他
首要考慮的顯然不是詩歌的肌理、質地、光彩，而是如何符合當
時的政治走勢和實際上已沒有任何個性可言的個人觀點。他失去
了一個傑出詩人應有的清醒」[80]。黃燦然的批評雖不無合理之處，

---

[72] 同註 65，頁 7。
[73] 《穆旦的詩和譯詩》，載《一個民族已經起來》，頁 25。
[74] 同上，頁 26。
[75] 同註 55，頁 41。
[76] 同註 62，頁 93。
[77] 同註 50，頁 48。
[78] 見黃燦然：《必要的角度》，素葉出版社，1999 年，頁 70。
[79] 同上，頁 72。
[80] 同上，頁 73。

但我以為失諸苛嚴。首先不能以 50 年代的幾首詩涵蓋穆旦晚年創作，因為明顯地穆旦 1976 年的作品在量和質上均大大地優於 50 年代，且內容上也大有不同；其次是缺乏了葉維廉所說的「歷史整體性」的視角，缺乏對當時具體環境中的「理解的同情」，忽視具體歷史環境與詩歌語言策略的聯繫；最重要的是，穆旦 50 年代的作品是不是都「迎合」政治呢？比如《妖女的歌》就很耐人尋味，《去學習會》表面很「積極」，可那一句兩次出現的「一屋子的煙霧」我就覺得很「可疑」，還有那《九十九家爭鳴記》，更是讓他惹禍的作品，這也算是「他失去了一個傑出詩人應有的清醒」嗎？

(3)穆旦詩中的「我」與《詩八首》研究

唐湜寫於 40 年代的《穆旦論》中已注意到穆旦詩中的「我」，他說：「也許中國詩人對於『自我』真是冷漠的，少有人會去睬它。這樣的對自我的無情的分析與磨折，對自然的自我的抗爭與機智鋒利的諷譏也許還是前所少見的。穆旦的主要的業績我認為是這一部分作品。」[81]這應是個很準確的評價。然而，最早一篇探討穆旦詩中「我」這個主題的應是香港梁秉鈞的《穆旦與現代的「我」》。

梁秉鈞觀察到，早期白話詩人「由於詩人對傳統禮教的反叛、個人思想覺醒，往往流露出強烈的自我個性，明白如話地說出自己的感受。」可是，「到了三、四十年代，尤其是在穆旦這樣的現代派詩人筆下，自我卻是不完整、不穩定、甚至帶有爭論

---

[81] 同註 6，頁 348。關於唐湜對穆旦詩中「我」的分析，可參看該文頁 342-348。

性的」[82]梁氏說穆旦的詩是現代主義發展到「內省階段的現代主
義作品，不再是一種自我爆發或謳歌，而是強調自我的破碎和轉
變，顯示內察的探索。」[83]接著，他舉例分析了穆旦在《防空洞
的抒情詩》裡利用獨白的形式，「以自我去體會他人的生活」[84]；
在《從空虛到充實》裡「自我也可以是反省和研究的個案，……
從我的角度去體會不同的經驗」[85]，認為這是穆旦「更自覺也複
雜地試驗詩中的『我』。穆旦詩中的『我』處理成曖昧甚至是遭
人非議的，那是因為他不是要塑造表面的英雄形象，而是要無所
顧忌地探究人性中複雜的，甚至是混亂、不貫徹或非理性的部分。」
[86]穆旦對「我」探索的結果，便有了《我》當中「『我』是殘缺
的、孤立的，隔絕於時間和空間，沒法自然溶入歷史的整體、沒
法匯入群眾之中。」[87]《詩八首》的「我」則是「自我不是固定，
是會變更，會轉化的。」[88]從對「我」的分析，梁秉鈞總結說：
「由於不相信有一個固定的自我、一個一成不變的認識世界的方
法，自然也使穆旦在表達和信仰兩方面，不輕易接受外加的格式
和未經感受的理想。」[89]從表達方法而言，「因為他理解現代人
的心理，在創作中──也期望其他詩人這樣。《穆旦詩集》採用
比較複雜的方法去寫人物。……他有意識地表達那個受外物響的

---

[82] 該文載集思編：《梁秉鈞卷》，三聯書店(香港)有限公司，1989 年，頁 281。
[83] 同上，頁 281。
[84] 同上，頁 283。
[85] 同上，頁 285。
[86] 同上，頁 285-286。
[87] 同上，頁 287。
[88] 同上，頁 289。
[89] 同上，頁 290。

現代的『我』，那個破碎、矛盾和變幻的『我』，試圖創造一套新的藝術形式及語言。」從信仰方面而言，「穆旦的『我』也成了他描寫的他人中的一個，不論他們怎樣不幸或被人譴責，他總從自我出發去體會他人的處境，又以批判的意識，將自我當作他人一樣審查。」[90]最後，梁秉鈞說：「(穆旦)他詩中的『我』多少仍帶著一種社會、文化或心理的身分，有變化亦有比較可以追溯的特性。他通過現代的『我』，還是想由小我體寫出時代。他有所追尋，亦不是不願有所信仰，只不過希望這信念是具體感受而成形茁壯，不是外加而盲目遵從的。」[91]

　　梁秉鈞以現代主義中一個突出的角度「我」去切入穆旦的詩，探討穆旦詩作的創作手法及心理動機，的確是個富啟發性的研究。

　　另一篇專題研究是李方的《解讀穆旦詩中的「自己」》。文中，李方認為「貫穿穆旦創作始終而困擾最深、索求最苦又殫精竭慮不斷深化的主題之一，正是其詩藝世界中的『自己』。」而「不能抓住內心世界的矛盾、裂變及循此深入的心靈搏鬥，也就無法索解中國現代詩壇最具代表性的『這一個』——穆旦所詩化的『自己』。」[92]通過對穆旦各個時期詩作的追縱，李方認為穆旦的「自己」是個新的抒情主人公，有「人格分裂、內省自剖的精神特徵」，[93]他是「40年代『新生代』 詩人群反撥傳統抒情詩

---

[90] 同上，頁 291。
[91] 同上，頁 291-292。
[92] 載《詩探索》，1996 年第 4 輯，頁 36。
[93] 同上，頁 38。

空泛單薄，而崇尚的現代抒情的『思想知覺化』」的結果[94]，又是穆旦自覺追逐的「20 世紀西方詩潮所著意表現的『內心世界的真實』」的產物[95]。這個抒情主人公既「深切關懷著、思索著、探求著現代人的生存的命題」[96]，又「獲得了非個人化的越超時空表現」，創造了穆旦的「詩的宗教」，更「集攏痛苦於已身，為的是整個人類最終棄絕悲劇的命運」[97]。最後，李方認為「從人格分裂的自我分析，到殉道般坦誠『自己的葬歌』，穆旦所詩化的『自己』，及由此創立的新的抒情形象、抒情手法和抒情風格，無疑為中國新詩帶來了一次『解放』。這一『解放』所顯現的現代人的主體意識與人格力量，歸根結底又源於詩人對生命、人類、社會乃至宇宙萬物的真誠深沉的愛。」[98]

另外一篇可注意討論穆旦詩中的「我」的論文是上述曾提過的陳林的《中國式的普魯弗洛克──穆旦對艾略特詩歌辭彙、意象與抒情主人公形象的接受》。陳林認為，「當人們稱讚穆旦詩中『分裂的自我』在中國現代文學史上獨特的意義與價值時，似乎並沒有明確地意識到，這個『自我』的形象在很大程度上借鑒了普魯弗洛克。」普魯弗洛克是艾略特名詩《普魯弗洛克的情歌》中的主角，「是一個中年人，有些過於敏感和怯懦，又企望又遷延，一方面害怕生命白白溜走，可又對事實無可奈何。他本是他的平庸無聊的客廳世界的地道產物，可又對那個世界感到模糊地

---

[94] 同上，頁 40。
[95] 同上，頁 41。
[96] 同上，頁 40。
[97] 同上，頁 45。
[98] 同上，頁 46。

不滿。」而「穆旦筆下的抒情主人公(『自我』)是敏感和自覺的，時時意識到自己和周圍環境的衝突；同時又是自相矛盾和人格分裂的，總是在自我肯定與否定的兩極之間搖擺遊移。」陳林認為，「從文學原型上來看，穆旦筆下的抒情主人公無疑地直接來源於普魯弗洛克的形象，但比這個溫室裏的小貴族更多泥土氣息，更多血性的澎湃和剛健勇猛的力量。他們是已經徹底中國化了的普魯弗洛克。」[99]這是個有意思的切入角度，更不乏啟示之處。[100]

當第一次評論穆旦詩作的時侯　王佐良就已注意到《詩八首》：「這個將肉體與形而上的玄思混合的作品是現代中國最好的情詩之一。」[101]可是這首組詩又是穆旦叫人最費解的詩作之一，每一個評論穆旦作品的研究者都不得不面對如何解讀《詩八首》的問題。

最早對《詩八首》進行細緻解讀的是鄭敏的《詩人與矛盾》[102]。文中，鄭敏借用一個句法概念，「將一首詩看成一個句子，並分成下面一大組成部分，即：主語：矛盾著的幾股力量 ＋ 謂語：矛盾的行動，即各力量間的衝突與親和 ＋ 賓語及補語：即行動的結果和矛盾的解決及對詩中人物的影響。」[103]這顯然是種結構主義的分析方法。根據上述方法，鄭敏認為《詩八首》「全

---

[99] 同註 46。

[100] 想指出的是，梁秉鈞在其《穆旦與現代的『我』》中也提到穆旦的詩對艾略特《普魯弗洛克的情歌》的借鑑，不過他強調的是《普》的戲劇式獨白的創作手法，可參看。出處同註 82，頁 283。

[101] 同註 3，頁 311。

[102] 此文原載《一個民族已經起來》，後收入鄭敏的論文集《詩歌與哲學是近鄰——結構—解構詩論》，北京大學出版社，1999 年。本文引文以後者為準。

[103] 同上，頁 45。

組詩貫穿著三股力量的矛盾鬥爭。這三股力量『你』『我』和代表命運和客觀世界的『上帝』。上帝在這裡是冷酷無情的，他捉弄著這對情人，而就是在『你』和『我』之間，也是既相吸引而又相排斥的，他們之間有著不可逾越的距離，而又有著強烈的吸引力。」[104]分析過後，她的結論是「這八首套曲有著緊密的內在聯繫。首與首之間相呼應，始終貫穿在八首詩中的主題是既相矛盾又並存的生和死的力，幸福的允諾和接踵而至的幻滅的力。」[105]不論你同意鄭敏的分析與否，但這的確是次有益的嘗試，最重要的是，正如鄭敏所說，「由於它的藝術不同於那在中國讀者中已經普及了的浪漫主義手法，及狹義現實主義手法，要理解穆旦的詩是需要一些新的理論知識和新的目光。這種對讀者進行準備工作是美學、詩學教育工作者的課題，也是文藝評論者應盡的義務。」[106]我以為，這是值得重視的意見。

　　接著嘗試解讀的是香港詩人陳德錦的《在溫暖的黑暗中體驗愛情——讀穆旦<詩八首>》[107]。陳德錦一開始便說穆旦的《詩八首》，「一向公認為是寫愛情的。這觀點，固然不算錯誤，但顯然略感粗疏。二、三十年代詩人處理愛情的主題，幾乎都有理想化和感傷化的傾向；到卞之琳一變而為意象內斂的情感，而穆旦，則以反浪漫的方法對愛情作出精細的分析。」顯然，陳德錦認為《詩八首》不僅是首愛情詩那麼簡單，更是個反浪漫主義，反「傳

---

[104] 同上，頁 49。
[105] 同上，頁 53。
[106] 同上，頁 56。
[107] 該文原載台灣《藍星詩刊》，1992 年，總 32 期，後收入陳德錦個人評論集《文學散步》，香港青年作者協會，1993 年。本文引文以後者為準。

統」的作品。其「反」之處在於「詩人盡量避免用直接的方式表白在現實生活中湧現的個人情緒；反之，他把易聚易散的『情緒』，轉化為一種可感可知的『經驗』，重新認識愛情，解釋愛情，把愛情哲理化。」[108]他的結論是《詩八首》「是一位冷靜的作者在面對一個嚴肅的人生課題時所作的深遠的諦視。」[109]

另一篇是孫玉石的《解讀穆旦的<詩八首>》[110]。他首先指出「《詩八首》是屬於中國傳統中的『無題』一類的愛情詩。但是，在這裡，我們看不到一般愛情詩的感情的纏綿與熱烈，也沒有太多的顧戀與相思的描寫。……整首詩，從頭到尾顯得很深沉，也很冷峻。每首詩均為兩節，每節四行，一首詩為八行，在穆旦的詩中，形式上也算是屬於比較整齊勻稱的一類。」[111]他的結論是：「《詩八首》可以視為中國現代的《秋興八首》。它以十分嚴密的結構，用初戀、熱戀、寧靜、讚歌這樣四個樂章(每個樂章兩首詩)，完整地抒寫和禮讚了人類生命的愛情，也包括他自己的愛情的複雜而又豐富的歷程，禮讚它的美，力量和永恒。」[112]

最有意思的一篇是王毅的《細讀穆旦<詩八首>》[113]。該文應用新批評派「細讀」的方式，詳細地分析了《詩八首》的意象、結構，得出結論是「全詩呈現為精巧封閉的圓型結構，相當完滿

---

[108] 同上，頁 50。
[109] 同上，頁 53。
[110] 該文最初發表於《詩探索》1996 年第 4 期「穆旦研究」專輯，後收入《豐富和豐富的痛苦》。本文引文以後者為準。
[111] 同上，頁 20-21。
[112] 同上，頁 32。
[113] 該文原載《名作欣賞》，1998 年第 2 期，頁 11-24。本文依據的是中國人民大學書報資料中心複印報刊資料《中國現代、當代文學研究》月刊，1998 年第 5 期版。

自足。……從組詩的詩思運行上看，從第一章出發，章章相連，有條不紊，構思極為謹嚴。不但如此，在詩思的運行過程中，從第二章開始往後每一章都不斷地以各種方式反覆回扣，指歸前面各章，而各章又從未離開過第一章。」[114]這個結論基本上跟鄭敏等差不多，不過，值得留意的是，作者說「還不止於此，這個組詩還極隱秘而巧妙地暗藏著中西方文化的巨大背景。」[115]而西方者，就是「整首組詩有著極為濃重的基督教神學背景。」這種背景不單在用詞上，甚至穆旦此詩的兩處修改，也暗合了基督教的文化背景！[116]至於中方背景，則是穆旦詩中「老根」、「平靜」、「不仁」三詞，按王毅的分析，「同樣來自老子」；此外，組詩的第三章，也「暗含著老子以柔克剛觀念的強有力支撐」[117]所以，王毅的總結是：「穆旦的《詩八首》是以愛情為一本，為八詩之骨幹，而以此一本，發為愛情的終極原因、過程、時間、方法、生死，種種矛盾痛苦。……《詩八首》大至對全部文化文明，生命宇宙，從第一推動到最終歸宿的思考，……它寫愛情，但又遠不止於愛情。最終，一切的哭泣和歡欣，變應和新生，擁抱與游離，相同和差別，無論是最初的還是最終的，西方的或東方的，都將在合處歸根化為平靜。」[118]——這的確是個別開生面的解讀！

很難判別上述四位作者的解讀哪個最正確，也無必要去找出所謂最正確的。只是，我們從上述四位內容不同的解讀中，可以

[114] 同上，頁 149-150。
[115] 同上，頁 150。
[116] 參見該文頁 150。
[117] 參見該文頁 151-152。
[118] 同上，頁 152。

一窺穆旦詩作的豐富性及多義性，能給人無限的想像空間。

對穆旦詩作進行細讀的還有唐曉渡的《慾望的美麗花朵——穆旦的<春》[119]及吳曉東：《荒街上的沉思者：析穆旦的<裂紋>》[120]，此處限於篇幅，不作討論。

(4)其他

王毅的《圍困與突圍：關於穆旦詩歌的文化闡釋》考察了穆旦詩歌的內在精神特質，認為「在四十年代詩人的創作中，穆旦詩歌最突出的特徵之一就是對虛偽文明社會的揭露、鞭擊，以及在這樣一個欺瞞的社會，個人無望的孤獨感和多少帶有的虛無悲觀色彩。」在王毅看來，這是「與存在主義哲學或者至少是里爾克—馮至式的存在主義哲學觀常常有著驚人的相似。」[121]此外，王毅又認為在這種存在主義困境中，「穆旦試圖依靠對上帝的信仰以在精神上支持和安慰自己，實現對平庸現實的突圍和超越。」[122]而穆旦詩中上帝形象的來源，又跟艾略特、葉芝有著深厚的詩學關係。可是，「中國傳統文化和當下現實都使得穆旦不可能自信地在基督教信仰的精神領空獨自翱翔。作為一個關注現實的詩人，他更痛苦地發現，上帝也幫不上什麼大忙。」[123]

李怡的《論穆旦與中國新詩的現代特徵》一文從中國新詩的「現代化」及「現代性」的角度，分析穆旦在其中的作用及地位。文章指出，「就現代主義追求而言，穆旦當然是屬於李金髮—穆

---

[119] 載唐曉渡：《中外現代詩名篇細讀》，重慶出版社，1998 年。
[120] 載《中國現代文學研究叢刊》，1989 年第 1 期，第 227-233 頁。
[121] 見《文藝研究》，1998 年第 3 期，頁 109。
[122] 同上，頁 114。
[123] 同上，頁 116。

木天—戴望舒這一線索之上的，但卻有著與其他的現代主義詩人所不相同的現代觀念，穆旦的詩藝是初期白話詩理想的成功的實踐。在對現代詩歌『意義』的探索和建設上，穆旦無疑更接近胡適而不是李金髮、穆木天，他所體現出來的詩歌的現代特徵也實在更容易讓人想到『現代性』這個概念」。[124]在李怡看來，穆旦的詩雖與戴望舒等一樣有「晦澀」的「外殼」，但戴望舒等的晦澀更接近中國傳統的「含蓄」，而穆旦的詩才真正具有西方現代主義的多義性、複雜性，而當年胡適便是將「高深的理想，複雜的感情」作為白話新詩的一大追求，因而李怡認為，「戴望舒、卞之琳及馮至的部分詩作更為『中國化』，而穆旦卻在無所顧忌地『西化』。」[125]

此外，就白話、口語和散文化三者在詩中的應用方面而言，李怡認為，從 20 年代的象徵派到 30 年代的現代派，表面上追求新詩的現代化，可是他們的「純詩」理論，卻恰正是對中國古典詩歌「雅言」傳統的回歸。「而穆旦的語言貢獻恰恰就是對包括象徵派、現代派在內的『純詩』傳統的超越。」因為「穆旦的詩歌全面清除了那些古色古香的詩歌語彙，換之以充滿現代生活氣息的生活語言」，「大量抽象的書面語彙湧動在穆旦詩歌文本中」，「與此同時，散文化的句式也取代了『純詩』式的並呈語句，文法的邏輯性取代了超邏輯超語法的『雅言』。」[126]而這也正是新詩所追求的「現代性」。

---

[124] 見《文學評論》，1997 年第 5 期，頁 152。
[125] 同上，見該文「晦澀與現代詩藝」部分，頁 149-152。
[126] 同上，見該文「白話、口語和散文化」部分，頁 152-155。

　　李怡因此結論說：「總之，穆旦運用現代漢語嘗試建立的現代詩模式，已經拓寬了新詩的自由生長的空間，為未來中國新詩的發展創造了一個良好的條件。從這個意義上講，穆旦的『反傳統』不正是中國詩歌傳統的新的內涵麼！」[127]

　　這是一篇很有啟發性的文章，它不但理清了穆旦跟李金髮、戴望舒等象徵派、現代派詩人的異別，肯定了穆旦在中國新詩現代化的貢獻；更重要的，該文對傳統提出一個新的定義，即傳統「必須能有效地進入到後人的理解範圍與精神世界，與生存條件發生了變化的人們對話，並隨著後人的認知的流動而不斷『激活』自己，『展開』自己」[128]。這顯然是個講求互動的、對話的「傳統」。在這種互動的傳統觀參照下，穆旦詩歌與傳統的關係及其對傳統的貢獻因此被明顯地凸現出來，因為，正是穆旦式現代主義詩歌激活、展開了傳統，使其內涵更豐富、更現代化。

　　最值得一提的是趙尋的《論批判性個人化與穆旦對當下詩歌的意義》。該文對穆旦研究有兩個重要的思考。一是該文是目前所見唯一一篇就穆旦詩歌與當代詩歌之間的關係提問的文章。作者認為，目前穆旦詩歌的學術研究忽略了他的「當下性質」，缺少與之「對話」，沒有追問一下：「穆旦詩歌能為我們提供一種怎樣的經驗呢？」[129]這是一個全新的思路。事實上，當我們像李怡般把傳統看作是開放、互動的時候，跟穆旦這一過去的「傳統」對話，不正是重新激活、展開我們自己這一當下的「傳統」嗎？

---

[127] 同上，頁 157。
[128] 同上，頁 156。
[129] 見《詩探索》，2000 年第 1-2 期，頁 202。

　　其次是趙尋在該文中提出穆旦是「批判性個人化」的說法。
[130]作者針對目前詩壇上個人化寫作的問題，認為穆旦「既不同於
漫主義過分誇張的主觀化，也不同於後現代主義隨意的不確定的
『他者化』。」「與那種單向的『個性化』存在向複雜的『個人
化』感覺的發展不同，(穆旦)他是在不斷碎裂、陷落的『線上』(穆
旦語)，向著新的(或許是沒有？)確定的掙扎。」也就是說穆旦
的個人化是有其目標的，有其社會內涵的，而不是當前的所謂個
人化其實不過「私人化」的空洞。

　　李怡跟趙尋的兩篇文章我以為是當前穆旦詩歌研究的新方
向，他們不再只著眼於穆旦詩歌與西方文學的關係、穆旦詩歌的
文本分析等等「靜態」問題上，而是在文本分析的基礎上，就當
前的詩壇狀況與穆旦詩歌文本展開對話，既以全新的角度思考穆
旦在整個 20 世紀漢語詩歌傳統中的貢獻，又特別關注穆旦詩歌與
當前詩壇發展的聯繫，這是一種互動的、健康的研究思路，使學
術研究不再只是故紙堆裡的尋章摘句，而是能激發、啟發當下思
考的作業，恰正是實踐著葉維廉所提倡的「歷史整體性」觀點，
值得借鑑。

第三節　港台地區穆旦研究概況

　　香港跟台灣對穆旦的研究在進程上基本與國內同期，但在廣
度與深度方面有明顯的差距。

---

[130] 同上，頁 181。

　　香港方面，筆者目前所見最早對穆旦的評論是收在張曼儀等合編的《現代中國詩選(一九一七～一九四九)》[131]，於 1974 年出版。書中收入穆旦九首作品，前面附有一篇短介。編者評論道：「總括來說，穆旦的詩題材稱得上廣闊，從個人內心對生死問題、慾望等的感受到現實環境的各種現象，他都有描寫。語言方面，他的詩的語法頗為歐化，但這對他來說並不是一個很大的缺點，因為作為一個知性較重的詩人，文法嚴謹的歐化語法，正能使他的意念表達得較為準確。同時他常常能夠用生動的意象來表達明確的意思，所以他的詩不是純粹抽象的思維，而是有生活的實感為基礎的，這是他難能可貴的地方。」[132]選編者之一的黃俊東也寫過一篇談《穆旦詩集》的文章[133]，除了簡介穆旦生平及詩作出版情況外，對穆旦詩歌風格的評論基本認同王佐良的說法。值得留意的是黃俊東介紹道：「有人說將(穆旦)他的作品譯成英文，簡直可以說是原作而不是翻譯」，又認為穆旦的文字「雖然歐化一點，卻不覺得生硬，尤其是後期的詩(按：指 40 年代後期)，頗有深入踏實的修養，故能自成風格。」[134]

　　另一個提到穆旦的是司馬長風在其《中國新文學史》[135]裡的介紹。在該書第二十八章「詩歌的歧途和徬徨」裡，司馬長風把

---

[131] 張曼儀、黃繼持等合編：《現代中國詩選(一九一七～一九四九)》(上、下)，香港大學出版社、香港中文大學出版部聯合出版，1974 年。
[132] 同上，下卷，頁 1555。
[133] 該文現收進黃俊東：《克亮書話》，陝西師範大學出版社，1998 年。惜該文無附記寫作日期，然按文意仍是 70 年代的作品。
[134] 同上，頁 106。
[135] 《中國新文學史》上卷第一版出版於 1975 年。本文引用的是台灣劉紹唐的校訂本，1991 年版。

穆旦跟辛笛放在同一節介紹，但篇幅很小，說「穆旦的詩散文化的氣味也很重」，但「他的意境清新，想像活潑，又善於押韻，因此累贅的散文外衣，阻不住他的情意飛翔。」又評《詩八首》為「風格獨異，把熱愛濃情都化作迷離的形象，詩句雖飄渺幻奇，但卻可意會，使你感到迴腸盪氣。」[136]這顯然跟目前對穆旦詩歌的評論有些不同。

　　第一篇對穆旦進行專題研究的應是上述梁秉鈞於 1984 年寫的《穆旦與現代的「我」》[137]。其後，1989 年李焯雄的《慾望的暗室和習慣的硬殼——略論穆旦戰時詩作的風格》一文也頗可注意。[138]該文主要就穆旦戰時詩作的主題及風格作了分析，認為「把『外在的世界』和『內在的感受』互相轉化是穆旦詩的常見母題(總主題)：他既渴望把心目中的理想化成現實，也把外在的現實化作內心的感官。」而「這母題的變奏便是『理想中國與現實』和『理想愛情與現實』的恒常辯證。」[139]這是目前唯一探討穆旦詩歌母題的論文，我以為李焯雄的概括比較準確。他有個觀點值得參考：「穆旦詩中的戰爭、國家不囿於某一時空之內，他作品內的愛情也不能孤立地抽離更廣闊的宇宙範疇。」[140]也就是說，我們不能就字面去簡單論斷穆旦詩歌的主旨(比如，穆旦的愛情詩探討的不

---

[136] 司馬長風著、劉紹唐校：《中國新文學史》(下冊)，傳記文學出版社，1991 年新版，頁 227-228。

[137] 該文是梁秉鈞博士論文《抗衡的美學——中國新詩中的現代主義》中的一部分，1984 年完成。參見《梁秉鈞創作簡表》，出處同註 82，頁 346。梁氏該博士論文的提要現載李達三、羅鋼主編：《中外比較文學的里程碑》，人民文學出版社，1997 年，頁 483-484。

[138] 該文原載香港《詩雙月刊》1989 年第 2、3 期，今收入《豐富和豐富的痛苦》。

[139] 同註 18，頁 45。

[140] 同註 18，頁 48。

一定是愛情)，而需把它放進上述那個「母題」的宏大範疇內考慮。這是一個宏觀而開闊的視野，使我們對穆旦詩歌主旨的認識提升至一個哲學的高度。就穆旦的風格，李焯雄認為基本上是「悲觀和冷靜的」，但進一步補充說：「他明白就是不能把現實轉化為理想，他也不能逃避；語言世界、愛情等均不能提供逃避之所，因此，他詩中始終沒有冷漠的態度，漠視客觀的世界。」[141]

　　李焯雄之後就是陳德錦的《在溫暖的黑暗中尋找愛情——讀穆旦<詩八首>》，以及黃燦然的《穆旦：讚美之後的失望》。最近看到的是發表在網上的杜家祁的《再讀一讀穆旦》[142]。

　　台灣方面，由於政治的原因，1950 年代之前的許多作品，台灣讀者有好長一段時間都不能讀到，因此也阻礙了台灣學者對大陸現代文學的研究。目前筆者搜集到的資料，最早一篇介紹穆旦的是莫渝於 1989 年 12 月發表的《查良錚(穆旦)》[143]，但那是作為「現代譯詩名家(三)」來介紹的，主要是談翻譯家的查良錚，但在最後的「詩作賞析」部分介紹了《春》，並作了評點。真正對穆旦以至「九葉詩派」作總體介紹的應是台灣清華大學教授呂正惠 1991 年在《國文天地》雜誌裡策劃的「現代主義詩派在中國」。其中，呂正惠的《不朽的風旗——中國現代主義詩歌的貢獻與成就》[144]，提到「最能繼承馮至的風格而加以發揚光大的，當數穆旦」[145]，又說「長期以來，因為政治的影響，穆旦的作品

---

[141] 同註 18，，頁 55。
[142] 網址為 http://www.ilc.cuhk.edu.hk/chinese/poetry032800.html。
[143] 載《東方雜誌》復刊第 23 卷，1989 年，第 6 期，頁 75-78。。
[144] 載《國文天地》雜誌，1991 年 6 月，第 7 卷第 1 期，頁 40-45。
[145] 同上，頁 44。

在兩岸同受忽視……我相信，再經過一段時間，可能會有越來越多的人承認，他是迄今為止中國最重要的現代詩人。」[146]在同一專輯裡，還有一篇香港中文大學吳兆朋的《永遠的九葉——九葉詩人與現代詩派》，文中談到穆旦的標題是「穆旦能把中國字排列出令人意想不到的組合」[147]。後來，呂正惠在 1993 年舉行的「中國現代文學教學國際研討會」上[148]，發表《四十年代的現代詩人穆旦》[149]，這是筆者所見台灣目前唯一一篇穆旦專題文章。呂正惠寫作該文的目的就是因為「目前台灣對於穆旦的認識似乎還相當有限」，「希望透過這一介紹，讓台灣的讀者對穆旦及四十年代的現代主義詩歌有一些初步的了解。」[150]文中，呂正惠比較詳細地介紹了穆旦的生平，包括其在西南聯大受到的西方現代主義的影響，以及 50 年代由美國回國後的譯詩工作，更就穆旦的詩作特色進行評論，包括他 70 年代後期的作品。這是篇泛論性的介紹文章，沒有什麼特別的觀點，但是作者這種熱情推介穆旦的苦心卻是值得尊敬。

　　另一篇可留意的文章是楊宗翰的《九葉詩派與台灣現代詩》，此文分上、下兩次在《台灣詩學季刊》登出[151]。楊文介紹

---

[146] 同上，頁 45。

[147] 見《國文天地》雜誌，1991 年 6 月，第 7 卷第 1 期，頁 36。

[148] 該會於 1993 年 6 月 5、6 日舉行，由台灣中國文化大學中文系文藝組主辦。

[149] 該文後收入呂正惠：《文學經典與文化認同》，九歌出版社，1995 年。

[150] 同上，頁 218-219。

[151] 分別為 1997 年 12 月第 21 期，及 1998 年 3 月第 22 期。該文以九葉詩派在現代詩上的成就，批評「現代派」創立人紀弦由大陸帶到台灣的不過 30 年代戴望舒等的「現代派」詩風，造成對 40 年代九葉詩人群詩歌及理論的忽略，使台灣現代詩的發展繞了那麼遠的路，作者認為「這不可不說是一個悲劇」。參見第 22 期該文(下)，頁 147-149。

穆旦部分可注意的觀點是他對《我》其中一句「痛感到時流，沒有什麼抓住」，認為「整首詩的節奏控制得很好，但再讀此句後像一個神秘的謎，引逗讀者對其進行思索。」[152]又說《時感》一詩「和台灣七十年代流行的批判性強的社會詩相較絕不遜色」[153]

　　總括而言，台港對穆旦的介紹及研究尚屬起步階段；不過，我以為隨著穆旦在國內引起的注意，台港的穆旦研究應會有更大進展。

第四節　小　結

　　綜合而言，由 40 年代以來，穆旦研究不論在研究隊伍或論題的深度與廣度方面都有長足的發展，這實在是個可喜的現象。不過，目前尚存有兩個不足：一是穆旦目前的地位並未得到恰如其份的評價，研究論文不管在質和量方面都不及其他現代詩人(如艾青、戴望舒、馮至、卞之琳等)，更遺憾的是，到目前為止還沒有一本穆旦的傳記出版，這是我們後人應該努力的方向。二是在探討穆旦的詩歌創作時，論者大都「從外而內」地用各種理論(特別是艾略特以及袁可嘉的)去說明，(或乾脆點說)去套穆旦詩作的特色，可是總有點「硬來」(hard sell)的感覺；因此，本文嘗試「從內而外」，由穆旦本人的詩學主張去觀照其創作，希望由此獲得一種新的理解角度。

---

[152] 見《台灣詩學季刊》，1998 年 3 月，第 22 期，頁 142-143。
[153] 同上，頁 143。

　　最後，本文還有一點要交代的，就是本篇綜述沒有提及穆旦的譯詩——穆旦另一個重大成就，而且與穆旦詩作互為表裡的「再創作」——的評論文章。這是因為一來穆旦的詩作與譯作畢竟是兩個範疇的事，而本文著重的是前者，因而也主要綜述前者的評論；二來穆旦最重要的創作均於 40 年代完成，而譯作則是 40 年代之後的事，加上當時的政治環境限制，其譯作不一定能體現穆旦的思想，更遑論從其譯作的評論文章裡獲得；第三，本文絕對相信穆旦的詩作跟譯作有某種聯繫，特別是在字眼的運用上，可惜這不是本綜述該做的討論，筆者希望在另文加以討論

第三章 理論篇

　　穆旦可以說是天生的詩人，讀他的詩，你總能感到迎面的激情；他的一生也可謂是詩的一生，從中學時的初試啼聲，到晚年的人生總結，都是詩，即便是被迫放下詩筆的那二十年，他也是以譯詩為主。可以說，詩貫穿了穆旦的一生，構成了他生命最重要的部分。

　　我們今天非常遺憾的是，穆旦並沒有留下有關詩的理論文字。綜觀他的一生，除了 1940 年代的兩篇書評外，就是 1970 年代後期與兩位年輕詩人論詩的書信，這些文字珍貴地保存了穆旦對詩的見解與要求。而這期間的近四十年裡，目前看不到穆旦任何談詩、論詩的文字，可見他並不怎樣看重詩論的建設。然而這並不代表穆旦對詩、對文學就沒有他心中的「詩學」。事實上，每一個作者心中都有一套個人的詩學，差別只是有沒有構成系統並將之發表而已。更何況，在早期的幾本譯作裡，穆旦或寫前言，或寫譯序，或寫後記，對作者及作品都有不同程度的介紹、說明；其中《雪萊詩抒情選·譯序》及《丘特切夫詩選·譯後記》更是過萬言的長文，詳細地介紹了作者的生平、代表作、創作手法及特色，從中其實不難窺見穆旦的詩學原則的。的確，從下面的分析可知道，穆旦有穆旦的詩學，而且是一個貫徹、執著一生的詩

學；他的這個詩學，非但是他的評論標準，也是他的創作理念。

第一節　發現的「驚異」

眾所公認，穆旦的詩是緊扣著社會生活的，即使是那些最「現代主義」的作品，也是他從現實生活提煉出來的思考。對於詩與生活的關係的強調，穆旦除了形諸於詩作外，也見諸於言論。

1940 年，穆旦在評艾青的《他死在第二次》的評論裡[1]，熱情地讚揚說這是抗戰以後詩壇「珍貴的收穫」，他非常讚賞艾青詩歌的本土性，認為可以嗅到一種「土地的氣息」：「作為一個土地的愛好者，詩人艾青所著意的，全是苦生於我們本土上的一切呻吟，痛苦，鬥爭和希望。」「沒有一個新詩人是比艾青更『中國的』了。」[2]從這種歡欣的筆調中，你可以感受到穆旦對艾青的激賞之情，也可以從中明白到穆旦對詩與生活之間關係的重視。

事實上，直到晚年當穆旦與年輕的詩友談詩時，均強調詩必須源於現實生活。他說：「寫詩，重要的當然是內容，而內容又來自生活的體會深刻(不一般化)」[3]，又說「在搜求詩的內容時，必須追究自己的生活」[4]。在介紹俄國詩人丘特切夫的詩作時，他

---

[1] 穆旦：《他死在第二次》。該文原發表於 1940 年 3 月 3 日香港《大公報·綜合》，現收入中國現代文學館編：《穆旦代表作》，華夏出版社，1999 年。

[2] 同上，頁 156。

[3] 見《致郭保衛的信》(一)，載曹元勇編：《蛇的誘惑》，珠海出版社，1997 年，頁 221。該信寫於 1975 年 8 月 22 日。以下所引《致郭保衛的信》均出自該書，不另註。

[4] 見《致郭保衛的信》(二)，頁 223。

也說「一個深刻的詩人的詩總是和現實相結合著的；他的概念或感覺都必植根於他的社會生活的土壤中。即使他受著某種哲學的影響，那最終原因也必是為他的生活感受所決定著的。」[5]

既如此，該追究生活中的什麼東西呢？穆旦認為就是「平平常常的人，每日看到的周圍一些人，他們想的是什麼？他們的問題和憂喜是什麼？寫出這些來變得非常需要了。」[6]同時，穆旦重視詩與時代的聯繫，他說「我是特別主張要寫出有時代意義的內容」[7]。他認為「過一百年，人們要了解我們時代，……必需有寫實作品才行」[8]。從這裡可以看出，穆旦把詩當作時代的鏡子，詩要折射出時代的影像，幫助後人了解詩人身處的年代。

驟眼看來，穆旦的上述主張，可謂平平無奇，因為古今中外已有許多文藝理論家以及作者強調過類似的論題，且要更詳盡。比如，為穆旦欣賞的艾青在 1939 年就寫過《詩與時代》，呼籲「屬於這偉大和獨特的時代的詩人，必須以最大的寬度獻身給時代，領受每個日子的苦難像是那些傳教士之領受迫害一樣的自然，以自己誠摯的心沉浸在萬人的悲觀、憎愛與願望當中。」[9]

穆旦當然不是就此停步。雖說重視詩源於生活，強調詩與時代的聯繫，問題是，生活、時代中的人和事既深且廣，紛紜複雜，該從何處入手？也就是說，我們該如何去取捨詩的素材呢？在這裡，穆旦提出了他的見解。他說：「注意：別找那種十年以後看

---

[5] 見《〈丘特切夫詩選〉譯後記》，載曹元勇編：《蛇的誘惑》，珠海出版社，1997年，頁 202。
[6] 見《致郭保衛的信》(十六)，頁 247。
[7] 見《致郭保衛的信》(三)，頁 227。
[8] 見《致郭保衛的信》(十七)，頁 250。
[9] 見艾青：《詩論》(修訂本)，人民文學出版社，1995 年第 2 版，頁 63。

來就會過時的內容。」那寫什麼好呢？穆旦到晚年還念記著奧登「說他要寫他那一代人的歷史經驗，就是前人所未遇到過的獨特經驗。」顯然，穆旦著重的是「獨特經驗」；不但如此，他還將這句話引申，認為「詩應該寫出『發現底驚異』」，要寫出一種「特別尖銳的感覺」，也就是「對這一時代的特殊環境的感受」；具體來說就是「你對生活有特別的發現，這發現使你大吃一驚，(因為不同於一般流行的看法，或出乎自己過去的意料之外)，於是你把這種驚異之處寫出來，其中或痛苦或喜悅，但寫出之後，你心中如釋重負，擺脫了生活給你的重壓之感，這樣，你就寫成了一首有血肉的詩，而不是一首不關痛癢的人云亦云的詩。」[10]

　　從「驚異」、「特別尖銳」、「特殊」、「特別的發現」、「大吃一驚」等等字眼的運用，我們可以知道，穆旦強調的是詩要寫現代生活「非一般」、「特別」、「特殊」之處，詩人要在平凡的日常生活中看到不平凡之處，這不平凡更要是值得「驚異」、「大吃一驚」，顯得「尖銳」的。而這，正是值得深思的地方。

　　故意去誇大個別字眼在某個作者文中的地位，甚至咬文嚼字地上綱上線說這就是作者的本意，無疑是個很粗暴的做法；特別是在本文中，穆旦並未有專文去討論詩的取材問題。但是，一個無可否的事實是，穆旦上述對詩的取材的看法，的確「特殊」，讓人感到「驚異」：因為，在中國新詩史裡，這應該是個原創性的說法。強調詩取材於現實生活，強調詩取材於歷史時代，甚至強調詩取材要不一般化，這些都是常見的創作理論，九葉詩派中

---

[10] 見《致郭保衛的信》(二)，頁233。

那些與穆旦同輩的詩友們便大都強調這些。[11]可是上述穆旦對詩之取材於生活明顯是個嚴格的要求，紛繁複雜的社會生活在穆旦取捨的天秤上已不是要求「不一般」那麼簡單，而是要有「驚異」之處。這除了對題材的篩選是個嚴格的標準外，對詩人本身對生活的觀察力、感受力、敏感度也是個很高的要求。因為，歸根究底，任何對「驚異」題材的發現，靠的還是詩人本身的觀察力、感受力、敏感度。一個資質平庸、敏感度不足的人，即便身處最變化多姿的時代，他也是無動於衷、麻木不仁的。

穆旦有一首詩叫做《旗》，其中寫道：

> 是大家的心，可是比大家聰明，
> 帶著清晨來，隨黑夜而受苦，
> 你最會說出自由的歡欣。
>
> 四方的風暴，由你最先感受，[12]

我以為穆旦的「驚異」詩觀，正是要求詩人對現實生活要像一面在高空飄揚的旗一般，敏感地感受著時代氣流的轉變，並隨時將之反映出來。

問題是，如何去做到對「驚異」的發現呢？穆旦舉了個例子：「奧登寫的中國抗戰時期的某些詩(如一個士兵的死)，也是有時間性的，但由於除了表面一層意思外，還有深一層的內容，這深

---

[11] 可參看袁可嘉：《<九葉集>序》，載《半個世紀的腳印——袁可嘉詩文選》，人民文學出版社，1994年，頁148。

[12] 載李方編：《穆旦詩全集》，中國文學出版社，1996年，頁188-189。

一層的內容至今還能感動我們,所以逃過了題材的時間局限性。」[13]顯然,去發掘這「深一層的內容」是找到「發現的驚異」一條必由之路,那麼如何去發掘呢?穆旦沒有明說,可是王佐良曾說「就穆旦而論,他從現代主義學到的首要一點是:把事物看得深些,複雜些。」[14]唐湜也說「他(穆旦)也許是中國詩人裡最少絕對意識……又最多辯證觀念的一個,而最可貴的是他的生活上,乃至政治上的自覺性的尖銳。」[15]就此而言,穆旦以自己的創作實踐說明了如何去發掘生活中的「驚異」之處,就是要深入些、複雜些以及辯證些去看生活,不要迷惑於表象,而要多深入表象的內層,並且不是單向看,而要辯證地從正反等多面切入,仔細找尋其中的尖銳之處,見前人之所未見,當找到讓人「大吃一驚」之處的時候,則可算是成功了。

如果上述「驚異」的觀念是穆旦對詩歌取材,以至詩人素質的要求的話,那麼,當我們回想起 1940 年代周玨良說「穆旦永遠是強烈的感受,加勁的思想,拼命的感覺」時,似乎就覺得理所當然,甚至會認為這恰是穆旦「驚異」詩觀最好的註腳。因為,要是沒有了這些因素,又怎能體察到生活的「驚異」之處呢?接著,當我們再想到王佐良所指出的「穆旦之謎」:「他一方面最善於表達中國知識份子的受折磨而又折磨人的心情,另一方面他的最好的品質卻全然是非中國的。」以及唐湜所說「穆旦也許是

---

[13] 見《致郭保衛的信》(二),頁 223。

[14] 王佐良:《談穆旦的詩》,載《豐富和豐富的痛苦》,北京師範大學出版社,1997 年,頁 4。

[15] 唐湜:《穆旦論》,載《"九葉詩人"評論資料選》,華東師範大學出版社,1996 年,頁 339。

中國少數能作自我思想，自我感受，給萬物以深沉的生命的同化作用（Identification）的抒情詩人之一，而且似乎也是中國少數有肉感與思想的感性（Sensibility）的抒情詩人之一。」也變得是可理解的了，因為只有這種對「驚異」的感受力的要求，才能體味出當時知識份子在大時代中飄盪的甘苦，並將之表現出來。

　　還可留意的是，穆旦的詩作被評論者認為是「一種剃刀似的鋒利」（王佐良語）、「剝皮見血的筆法」（陳敬容語）、「豐富的痛苦」（唐湜語）、「穆旦佳作的動人處卻正在這等歌中帶血的地方」（袁可嘉語），這些幾近極端的評論語句，也正好為穆旦的「驚異」作詮釋，因為他們為我們證明：穆旦的詩本身就是叫人「驚異」的；而這種「驚異」感來自作者本人的「驚異」觀。

第二節　「血液的激盪」

　　早在中學時一篇分析《詩經》的文章裡，穆旦已說：「文學是必須帶有情感的。沒有情感的東西就不是文學」[16]。在讚揚艾青的詩作時，穆旦也強調「這只能以博大深厚的情緒，在復生的土地上，才能塗出來的真實的畫面。」[17]而在同一篇論《詩經》的文章裡，穆旦說：「其實文學的要素還不只於情感而已，思想也是很重要的一部分。」[18]在其他地方，穆旦也說：「首先要把自我擴

---

[16] 穆旦：《〈詩經〉六十篇之文學評鑑》，載曹元勇編：《蛇的誘惑》，珠海出版社，1997 年，頁 169。
[17] 同註 1，頁 158。
[18] 同註 16，頁 170。

大到時代那麼大,然後再寫自我,這樣寫出的作品就成了時代的
作品。」[19],並且要「加入思想和人生經驗的體會」[20],因為「必
須以思想的因素加進詩裡去,才能擴大其內容的範圍」[21]。從上述
可知,穆旦是要求詩中必須思想和情感並重的。問題是,詩應如
何去表現思想和情感呢?

　　穆旦的答案是:創出詩的第三條路,以「新的抒情」來表現。

　　1940 年,在評論完艾青作品後的一個月,穆旦同樣在香港《大
公報》發表了一篇評卞之琳《慰勞信集》的書評[22]。該文一開首,
穆旦就說:「在二十世紀的英美詩壇上,自以為艾略特(T.S.Eliot)
所帶來的,一陣十七、十八世紀的風吹掠過以後,彷彿以機智(Wit)
來寫詩的風氣就特別盛行起來。腦神經的運用代替了血液的激
盪,拜倫和雪萊的詩今日不但沒有人模仿著寫,而且沒有人再肯
以他們的詩當鑑賞的標準了。」[23]這裡有三組字眼需要注意:「機
智(Wit)」、「腦神經的運用」以及「血液的激盪」。

　　什麼是「機智」呢?熟知二十世紀英美詩以及艾略特的朋友
都會知道,穆旦這裡所謂的「十七、十八世紀的風」其實就是艾
略特在其名篇《玄學派詩人》中所推崇的「玄學派」詩風,其代
表人物是英國十七世紀著名的玄學詩人約翰・多恩 (John
Donne)。而所謂機智(Wit),就是艾略特推崇玄學派詩人的重心所
在。艾略特認為玄學派詩人一個特有的寫作手法就是「擴展一個

---

[19] 見《致郭保衛的信》(三),頁 227。
[20] 見《致郭保衛的信》(七),頁 233。
[21] 見《致郭保衛的信》(五),頁 231-232。
[22] 該文原載 1940 年 4 月 28 日《大公報・綜合(香港版)》,今收入中國現代文學館
　　編:《穆旦代表作》,華夏出版社,1999 年。
[23] 同上,頁 161。

修辭格(與壓縮正相對照)使心達到機智所能構想的最大的範圍。」[24]具體而言，就是「把好幾個意象和眾多的浮想相互套入的修辭手法」[25]，「使一定程度的不倫不類的材料，經過詩人頭腦的活動，被強迫做成一個統一體。」[26]艾略特認為，通過這種手法，「導致了思想和感情的多樣性」[27]。他認為這是玄學派詩人對英國詩歌最大的貢獻。袁可嘉後來在《談戲劇主義──四論新詩現代化》中這樣解釋「機智(wit)」：「它是泛指作者在面對某一特定的處境時，同時了解這個處境所可以產生的許多不同的複雜的態度，而不以某一種反應為特定的唯一的反應。……表現在人生或詩裡，它常流露為幽默、諷刺或自嘲。」[28]

　　至於「腦神經的運用」，則與艾略特的理論相關。艾略特在其名篇《傳統與個人才能》有個著名的比喻。他說，當一小塊拉成細線的白金放入一個含有氧氣和二氧化硫的箱內時，就會產生化合作用形成硫酸，可是那白金本身不受任何影響。艾略特認為，詩人的頭腦就應該像白金。[29]這個像白金的頭腦的作用，就是為了「消化和改造作為它原料的激情。」因為艾略特認為，詩人應該消滅個性；在艾略特看來，詩人的個性是從經驗而來，而經驗則

---

[24] [英]艾略特：《玄學派詩人》，載李賦寧譯注，《艾略特文學論文集》，百花洲文藝出版社，1994 年，頁 14。

[25] 同上，頁 15。

[26] 同上，頁 16。

[27] 同上，頁 19。

[28] 見《半個世紀的腳印──袁可嘉詩文選》，人民文學出版社，1994 年，頁 80。亦可參考王先霈、王又平主編：《文學批評術語詞典》，上海文藝出版社，1999 年，頁 280，「巧智(wit)」條。

[29] 參見[英]艾略特：《傳統與個人才能》，載李賦寧譯注，《艾略特文學論文集》，百花洲文藝出版社，1994 年，頁 6。

包含感情和感受，他反對詩人直接去抒發這些感情和感受。艾略特有一句名言：「詩歌不是感情的放縱，而是感情的脫離；詩歌不是個性的表現，而是個性的脫離。」[30]說的正是這個意思。為了達到這個目的，艾略特就要求「詩人的頭腦」的加入，他說「詩人的頭腦實際上就是一個捕捉和貯存無數的感受、短語、意象的容器，它們停留在詩人頭腦裡直到所有能夠結合起來形成一個新的化合物的成分都俱備在一起。」[31]要令到這個新的「化合物」產生，具體「操作」方法，在艾略特而言，一個是上文所說的「機智」，一個就是他另一個著名的詩論：「客觀對應物」。他說：「用藝術形式表現情感的唯一方法是尋找一個『客觀對應物』；換句話說，是用一系列實物、場景，一聯串事件來表現某種特定的情感」[32]，用袁可嘉的話來說，就是「以與思想感覺相當的具體事物來代替貌似坦白而實圖掩飾的直接說明」。[33]

　　眾所周知，穆旦對艾略特的詩學理論是非常熟悉而且傾心的。穆旦的同學周玨良回憶說：「他(穆旦)特別對艾略特著名文章《傳統和個人才能》有興趣，很推崇裡面表現的思想。」[34]從上述的分析的可知，穆旦所謂的「腦神經的運用」，所指的正是艾略特提倡的「個性消滅」、「客觀對應物」、玄學「機智」等等

[30] 同上，頁 11。
[31] 同上，頁 7。
[32] 見艾略特：《哈姆雷特》，載王恩衷編譯：《艾略特詩學文集》，國際文化出版公司，1989 年，頁 13。
[33] 見《新詩現代化的再分析——技術諸平面的透視》，載《半個世紀的腳印——袁可嘉詩文選》，人民文學出版社，1994 年，頁 60。
[34] 周玨良：《穆旦的詩和譯詩》，載《一個民族已經起來》，江蘇人民出版社，1987 年，頁 20。

創作方法。

　　「血液的激盪」顯然是指後文的「拜倫和雪萊的詩」。要理解這句話就得理解穆旦是怎樣看拜倫和雪萊。在寫這篇文章的 18 年之後，穆旦為自己所譯的《雪萊抒情詩選》寫了篇過萬言的長序，詳細地介紹了他所認識的雪萊。序言一開始，穆旦就談到雪萊和拜倫，說他們是「革命浪漫主義者」，並且熱情地讚美「他們挺身與反動勢力作毫不妥協的鬥爭的勇氣」以及「衝破黑暗勢力的大無畏精神」。[35]王佐良曾說穆旦早期的詩是「雪萊式的浪漫派的詩，有著強烈的抒情氣質，但也發泄著對現實的不滿。」[36]聯繫上述穆旦對雪萊和拜倫的讚美，則我們可以認為，在穆旦的心中，雪萊和拜倫的詩就是「革命的」、「鬥爭的」、「大無畏精神」的代表。在《雪萊抒情詩選》序言裡，穆旦特別提醒讀者注意雪萊幾首在愛爾蘭之行前後寫的詩，他說：「儘管這些是所謂『少年之作』(Juvenilia)，在藝術上尚不成熟，一般雪萊的選集都不採用它們，可是，譯者(穆旦自稱)卻覺得它們有特別可貴之處：和此後詩人的作品比較起來，是不是特別一種蓬勃的朝氣，一種未受挫折的天真呈現在這些崇高的詩思中，而是為後來的一些作品所無？……這些詩篇……是被多麼明朗的熱情和戰鬥的意識所推動著的！」[37]穆旦所欣賞的雪萊顯然是充滿「熱情和戰鬥的意識」且朝氣蓬勃的。那拜倫呢？穆旦對他的總評是「戰鬥的、熱情的、

---

[35]　該序原載於 1958 年人民文學出版社出版之《雪萊抒情詩選》，今收入中國現代文學館編：《穆旦代表作》，華夏出版社，1999 年。引文見該書頁 180。
[36]　王佐良：《穆旦：由來與歸宿》，載《一個民族已經起來》，頁 1。
[37]　同註 35，頁 185。

政論的」[38]。直到晚年，他也讚賞拜倫「那粗獷的現世的嘲諷，無情而俏皮的，和技巧多種多樣的手筆」[39]

　　至此，我們可以明白穆旦所謂的「血液的激盪」是對雪萊與拜倫那種勇於反抗黑暗、不公，充滿熱情與戰鬥意識的詩風的比喻說法，在他而言，這是個帶著褒揚的字眼。

　　在這篇對卞之琳的書評裡，穆旦要談的，正是「腦神經的運用」與「血液的激盪」之間的關係。

　　穆旦首先肯定卞之琳的第一本詩集《魚目集》是中國新詩的里程碑，因為「自『五四』以來的抒情成分，到《魚目集》作者的手下才真正消失了。」也就是說以「腦神經的運用」來寫作西方現代主義詩歌技巧在卞之琳筆下得到真正的實踐，而這是為穆旦欣賞的，「因為我們所生活著的土地本不是草長花開牧歌飄散的原野」[40]。但是，面對著「已經站在流動而新鮮的空氣中」的「新生起來的中國」，穆旦認為這種「腦神經的運用」的現代主義手法已經不足以「表現社會或個人在歷史一定發展下普遍地朝著光明面的轉進」，於是，他提出一個新的要求，就是「新的抒情」。

　　這個新的抒情有兩個特點：首先，它是「有理性地鼓舞著人們去爭取那個光明的一種東西。」穆旦特別強調「有理性地」這個詞，他認為當時詩壇上「有過多熱情的詩行」，好似「歇斯底里」一般，非但不能引起讀者共鳴，還讓人覺得詩人對事物的反映是跟他們相左的。這是穆旦針對「五四」以來白話詩歌中的濫

---

[38] 見《拜倫抒情詩選‧前記》，新文藝出版社，1957 年，頁 11。
[39] 見杜運燮：《穆旦詩選‧後記》，載《穆旦詩選》，人民文學出版社，1986 年，頁 149。
[40] 同註 22，頁 161。

情傾向，特別是抗戰期間「枯澀呆板的標語口號和貧血的堆砌的詞藻」[41]而說的。他要求的是「情緒和意象的健美的糅合」，反對的是「唯美主義以及多愁善感」，也就是說，他贊成以「腦神經的運用」的現代主義手法創作詩歌，反對濫情的所謂浪漫主義。

其次，新的抒情必須「伴著那內容所應有的情緒的節奏」[42]。正是在這方面，穆旦對卞之琳的《慰勞信集》以及「腦神經的運用」提出批評。他認為《慰勞信集》中新的抒情成分太少了，「太平靜了」，雖然可以找出很多「機智」的詩行，不過「這些『機智』僅僅停留在『腦神經的運用』的範圍裡是不夠的，它更應該跳出來，再指向一條感情的洪流裡，激盪起人們的血液來。」他甚至認為，「頂好的節奏可以無須『機智』的滲入，因為這樣就表示了感情的完全的抒放。」[43]可見，在新的抒情裡，「機智」固然重要，可是太平靜了，於是更需要雪萊和拜倫式的熱情的、戰鬥的詩風，以便更好地「激盪起人們的血液來」。

綜合而言，穆旦的「新的抒情」，其實就是「機智」和感情的融合，就是「腦神經的運用」和「血液的激盪」的融合，不過，他更傾向於「血液的激盪」的「革命浪漫主義」。他在評點一首詩的時候，重視的是：「從這些意象中，是否他充足地表現出了戰鬥的中國，充足地表現出了她在新生中的蓬勃、痛苦和歡快的激動來了呢？對於每一首刻畫了光明的詩，我們所希望的，正是這樣一種『新的抒情』。」[44]

---

[41] 同註 1，頁 160。
[42] 同註 22，頁 164。
[43] 同上，頁 164。
[44] 同上，頁 163。

　　只要我們細心一看，就知道穆旦的「新的抒情」是個奇怪甚至矛盾的組合，它企圖融合艾略特的現代主義與雪萊、拜倫的浪漫主義於一身，可是這兩者在西方詩歌發展史上基本上是相對立的！[45]要知道，艾略特說過：「雪萊所認為的狂熱在我看來也是青春期的事件：……雪萊標示了成熟之前的一個熱烈的時期，但是對於多少人，雪萊能夠留為老年的同伴？」所以艾略特直接了當的說：「我不能欣賞雪萊的詩」[46]。然而，正是穆旦這種具矛盾性質的詩學主張，正好印證了李歐梵對「五四」以來中國文學對現代主義接受的觀察：「大部分 1930 年代的中國作家，對西方現代主義的態度都顯出又羨又怕的矛盾心理：他們醉心西方『新潮』的新奇感，同時又厭棄一般悲觀主義和虛無主義的形勢。」[47]雖然我們不可以說穆旦對西方現代主義是「怕」，但他厭棄現代主義中的悲觀主義和虛無主義卻是肯定的。也正因為有「厭棄」，於是他想以雪萊、拜倫身上那一種勇於反抗黑暗、不公的戰鬥的熱情來補充現代主義的「不足」，因而也就產生了這樣一個看似矛盾但在穆旦而言卻又合理的「新的抒情」。

　　對於穆旦「新的抒情」這種矛盾的詩學主張，孫玉石指出了其根本旨意：「穆旦的批評裡，無論是潛在的和顯在的層面上，

---

[45] 參見王佐良、周珏良主編：《英國二十世紀文學史》第七章「現代主義文學：詩」，外語教學與研究出版社，1994 年，頁 255-256。按，該章的作者是周珏良，可參看《周珏良文集》中的《英國現代主義文學：詩》，外語教學與研究出版社，1994 年，頁 47-69。

[46] [英]艾略特：《雪萊和濟慈》，載杜國清譯：《詩的效用與詩的批評》，台灣純文學出版社，1976 年三版，頁 97。

[47] 李歐梵：《中國現代文學中的現代主義——文學史的研究兼比較》，載李歐梵著：《中西文學的徊想》，三聯書店香港分店，1986 年，頁 29-30。

都含著從『人民本位』出發的緊密把握現實鬥爭生活，密切關注民族生死存亡命運的深刻的現實主義精神。」[48]但是，我們應該知道，穆旦「新的抒情」的詩學，既是包融於時代，又超越於時代。其包融性在於它充分地考慮了詩歌與時代的關係，響應了時代對詩歌的迫切要求；其超越性則在於它雖是為響應時代而產生，可是它有清醒的美學要求，絕不簡單地成為時代的傳聲筒而忽略了詩的藝術性要求。對後一點，穆旦是非常清晰而且堅持的。1956年他就寫了一篇《不應有的標準》，反對論者對相聲藝術的一些不合理要求，他堅持道：「藝術既有一般的法則，概括整個的藝術領域；也有特殊的法則，就是只適用於各個類型的法則。」[49]就此觀之，在穆旦來說，在當時全民抗戰的 40 年代的歷史背景，強調詩中要有戰鬥的、熱情的「血液的激盪」就是一般法則，而強調詩中要有西方現代主義「腦神經的運用」的創作技巧就是特殊法則，對此，他是區分得很清楚的。

　　準乎此，當我們去檢視穆旦的「現代主義」時就會發覺，即使是最現代主義、最晦澀的作品裡，你依然能感到穆旦一顆「不平靜」的心在躍動著，感覺到「血液的激盪」。比如《防空洞裡的抒情詩》這首被視為深得現代主義內省風格的作品，在它多重身份的冷靜的敘事聲音裡，依然夾雜這樣激憤的句子：「毀滅，毀滅」一個聲音喊，/「你那枉然的古舊的爐丹。/死在夢裡！墜入你的苦難！聽你極樂的嗓子多麼洪亮！」又或者《智慧的來

---

[48] 孫玉石：《中國現代主義詩潮史論》，北京大學出版社，1999 年，頁 335。
[49] 穆旦：《不應有的標準》，該文原載 1956 年第 12 號《文藝報》半月刊，今據曹元勇編：《蛇的誘惑》，珠海出版社，1997 年，頁 180。

臨》：「從此便殘酷地望前面，/送人上車，掉回頭來背棄了/動人的忠誠，不斷分裂的個體//稍一沉思聽見失去的生命，/落在時間的激流裡，向他呼救。」從「殘酷」、「背棄」、「激流」、「呼救」等字眼的運用，作者依然在暗示著詩行背後的苦痛情感。至於被喻為中國現代詩史上最晦澀的情詩的《詩八首》，細心一看：「你底眼睛看見這一場火災，/你看不見我，雖然我為你點燃；/唉，燃燒著的不過是成熟的年代，/你底，我底。我們相隔如重山！」我們或許不能完全理解它的意義，但那一個「唉」的嘆息，那一個「不過」的轉折，卻分明讓人感到幽潛於詩中的愁鬱。同時，你也更加能理解梁秉鈞對穆旦詩中那個「現代的我」觀察的結論：「(穆旦)他詩中的『我』多少仍帶著一種社會、文化或心理的身分，有變化亦有比較可以追溯的特性。他通過現代的『我』，還是想由小我體寫出時代。他有所追尋，亦不是不願有所信仰，只不過希望這信念是具體感受而成形茁壯，不是外加而盲目遵從的。」[50]因為穆旦即使是專注於現代主義的表現手法時，依然沒有忘記與現實的聯繫。至於著名的《野獸》，《合唱二章》、《讚美》等等明顯帶有浪漫派抒情風格的詩篇，我們就更不感奇怪了。所以，李瑛曾說：「我深深的覺得他的詩染有現代英美詩的色調，和十八世紀英詩人如雪萊等抒情格式」[51]。

　　不過，我們必須看到，作為忠誠於生活的詩人，當其所看到的現實與詩學主張之間出現矛盾時，必定先忠於前者。熱情的讚

---

[50] 梁秉鈞：《穆旦與現代的「我」》，載集思編：《梁秉鈞卷》，三聯書店(香港)有限公司，1989年，頁291-292。

[51] 李瑛：《讀<穆旦詩集>》，載《"九葉詩人"評論資料選》，頁335。

歌固然要唱，但「橫眉冷對」的風骨更要堅持。對這一點，穆旦
非常清醒，且也忠實地恪守。

第三節　詩的「文藝復興」

　　穆旦之拒絕中國古典詩歌傳統是眾所周知，且堅持到底的。
我們從王佐良那篇最早的穆旦評論裡已得知這項消息，其後周玨
良的回憶也幫助說明。如果說，年輕時的詩人以年輕人特有的反
叛心態去拒絕傳統是可以理解的話，則到晚年依然堅持原意毫不
「反悔」的態度卻是頗可咀嚼的。事實上，穆旦可以算是中國現
代漢語詩史上唯一一個「敢於」由始至終拒絕古典傳統的。

　　穆旦曾說自己「不善於舊詩」[52]，你可以把這句話看作謙詞，
但也可以懷疑它的真實性。今天我們知道的穆旦的第一篇論文，
就是他中學時寫的《〈詩經〉六十篇之文學評鑑》；到晚年，穆
旦寫信給朋友時也透露正讀舊詩，而且很愛陶潛的人生無常之
嘆。[53]穆旦說自己不善於舊詩，只能理解成他不善於「寫作」舊詩，
而不是對舊詩的「無知」。一個普通的常識是：你只有對某種東
西(稍有)了解之後，才能判斷對其之取捨。回看穆旦對古典詩之
態度，一路到晚年，他都反覆地說著一個意思：中國古典詩不可
取；但是，他都是在一種比較的情況下而作出的：「我有時想從
舊詩獲得點什麼，抱著這目的去讀它，但總是失望而罷。它在使

---

[52] 見《致郭保衛的信》(一)，頁 221。
[53] 見《致孫志鳴的信》(四)，載曹元勇編：《蛇的誘惑》，珠海出版社，1997年，
　　頁 268。

用文字上有魅力，可是隱在文言中，白話利用不上，或可能性不大。至於它的那形象，我認為太陳舊了」[54]、「舊詩太不近乎今日現實」[55]、「舊詩裝新酒有困難」[56]、「這詩的語言幸好沒有落進舊詩的套子裡，所以還有活潑的生氣。」[57]明白到這一點很重要，由此可以知道穆旦之反對傳統舊詩是有目的的，不是為反對而反對，他有他的思考、見解。這不是臨時的或隨意的，而是綜合他一生詩歌實踐的體會而成的。

當我們細心地分析上述穆旦的話，會發現他所反對舊詩的，其實就是舊詩的語言、舊詩的意象。從上述的話來看，舊詩語言的「罪名」是：形象陳舊、不符現實、沒有生氣，這就是穆旦拒絕的原因。那麼，穆旦對詩的語言有何要求呢？

首先，他要求詩的語言要形象，而這些形象必須要來源於當代生活。當詩人有了深刻的生活體會，找到了讓他「驚異」的感覺後，穆旦認為「還得給它以適當的形象，不能抽象說出來」[58]。他說：「藝術的反映現實是多種多樣的，有時是曲折的、折射的」[59]，寫詩「不能總用風花雪月這類形象表現出來」[60]。那如何找出這「適當的形象」呢？穆旦說「要使現今的生活成為詩的形象的來源」[61]。總之，在穆旦看來，詩應該有「生活氣息和現實感覺」

[54] 見《致郭保衛的信》(四)，頁 229-230。
[55] 見《致郭保衛的信》(七)，頁 233。
[56] 見《致郭保衛的信》(九)，頁 236。
[57] 見《致郭保衛的信》(十二)，頁 241。
[58] 見《致郭保衛的信》(二)，頁 223。
[59] 見《不應有的標準》，載曹元勇編：《蛇的誘惑》，珠海出版社，1997 年，頁 183。
[60] 見《致郭保衛的信》(一)，頁 220。
[61] 見《致郭保衛的信》(四)，頁 228。

[62]，而文革期間「假大空」的頌歌的陳腔濫調，以及古典詩詞的風花雪月顯然已跟現代生活脫節。於是，必須尋找新的語言。

其次，他要求詩的語言是清晰無誤的。穆旦說：「我們平常讀詩，比如一首舊詩吧，不太費思索，很光滑地就溜過去了，從而得不到什麼或所得到的，總不外乎那麼『一團詩意』而已。」那麼穆旦想要什麼呢？「我們要求詩要明白無誤地表現出較深思想，而且還得用形象和感覺表現出來，使其不是論文，而是簡短的詩」[63]。他晚年寫過一封信給杜運燮，正談到他的拒絕傳統的做法：「總的說來，我寫的東西自己覺得不夠詩意，即傳統的詩意很少。這在自己心中有時產生了懷疑。有時覺得抽象而枯燥；有時又覺得這正是我所要的：要排除傳統的陳詞濫調和模糊不清的浪漫詩意，給詩以 hard and clear front (杜註：嚴肅而清晰的形象感覺)。」[64]

總括上述所論，穆旦之不喜歡舊詩語言，就因為它相對於他要表現的現代生活來說，舊詩的詞句太陳舊濫調，它所表現的意境太模糊不清，在穆旦而言，這些都是不可取的。他要的是現代的形象，要的是清晰明白的意象。正是在這種背景下，穆旦堅決地拒絕了傳統，義無返顧般地開始他在西方現代詩藝荊途上的「探險」。

說穆旦在「探險」絕不是故作驚人之語，而是他的切身感受。穆旦說：「中文白話詩有什麼可讀的呢？歷來不多，白話詩找不

---

[62] 見《致郭保衛的信》(五)，頁 231。
[63] 見《致郭保衛的信》(四)，頁 229。
[64] 同註 39，頁 151。

到祖先，也許它自己該作未來的祖先，所以是一片空白。」既無舊詩傳統可承，又無新詩範例可循，正是在這種「舉目無親」、「四顧蕭條」的情況下，穆旦提出要學習西方現代詩；可以說，這是一種迫不得已的「拿來主義」。之所以選擇西方現代詩，乃是因為「西洋詩在二十世紀來一個大轉變，就是使詩的形象現代生活化，這在中國詩裡還是看不到的。」[65]其次，「現代派詩歌流派眾多，表現手法儘管不同，但有一點，這些詩人都力圖從一個更深的層次上把握外在的世界和內心世界。如果以作品的深刻性來衡量，傳統的詩歌就顯得遜色了。」[66]為了說明西方現代詩的好處，他舉了自己早年的一首詩作《還原作用》為例，說「這首詩是仿外國現代派寫成的，其中沒有『風花雪月』不用陳舊的形象或浪漫而模糊的意境來寫它，而是用了『非詩意的』辭句寫成詩。這種詩的難處，就是它沒有現成的材料使用，每一首詩的思想，都得要作者去現找一種形象來表達；這樣表達出的思想，比較新鮮而刺人。」他甚至補充說：「我上面所引的，不見得是好詩，但是它是一種衝破舊套的新的表現方式」[67]。也為著同樣的原因，穆旦非常著重翻譯外國作品。他說：「我想翻譯的外國詩應可借鑒」[68]，「文藝上要復興，要從學外國入手，外國作品是可以譯出變為中國作品而不致令人身敗名裂的，同時又訓練了讀者，開了眼界，知道詩是可以這麼寫的」[69]，「從目前情況來看，如何從普

---

[65] 見《致郭保衛的信》(二)，頁222。
[66] 孫志鳴：《詩田裡的一位辛勤耕耘者──我所了解的查良錚先生》，載《一個民族已經起來》，頁187。
[67] 見《致郭保衛的信》(四)，頁229。
[68] 見《致郭保衛的信》(二十二)，頁259。
[69] 見《致郭保衛的信》(二十四)，頁263。

希金和艾略特風格中各取所長，揉合成有機的一體，這未必不能成為今後中國新詩的一條探索之路。」[70]

　　已經有論者指出，「在對現代詩歌『意義』的探索和建設上，穆旦無疑更接近胡適而不是李金髮、穆木天」[71]，本文可以提供多一個例子，請看下面這一段話：「如今且問，怎樣預備方才可得著一些高明的文學方法？我仔細想來，只有一條法子：就是趕緊多多的翻譯西洋的文學名著做我們的模範。我這個主張，有兩層理由：第一，中國文學的方法實在不完備，不夠作我們的模範。……第二，西洋的文學方法，比我們的文學，實在完備得多，高明得多，不可不取例。」[72]這就是胡適寫於1918年的《建設的文學革命論》，如果撇開上下文，則我們會看到穆旦與胡適之間對翻譯外國作品的問題幾乎是說著同樣的答案，簡言之，就是「真心地模仿」西方的翻譯觀[73]。穆旦跟胡適不同之處只在於，穆旦非但真心地模仿外國詩，並且在模仿之後創造性地轉化出個人的詩歌語言風格，而胡適卻始終擺不脫舊詩的影響而落得個「放腳詩」的自嘲。從歷史傳承的角度看，胡適的理想在穆旦的筆下得到真正的實現。

　　就詩與傳統的關係，這裡還有個不一定多餘的討論。大家都知道，艾略特在其名篇《傳統與個人才能》裡強調詩人與傳統的

---

[70] 同註66，頁187。

[71] 李怡：《論穆旦與中國新詩的現代特徵》，載《文學評論》，1997年第5期，頁152。

[72] 胡適：《建設的文學革命論》，載陳壽立編：《中國現代文學運動史料摘編》(上冊)，北京出版社，1985年，頁22-23

[73] 語出湯哲聲，參見湯哲聲：《中國文學現代化的轉型》第二章「翻譯觀：中國文學現代化進程的脈搏」，南京大學出版社，1995年，頁46-55。

關係，認為詩人應有一種「歷史意識」，這種意識要求每一個詩人「不僅對他自己一代瞭若指掌，而且感覺到從荷馬開始的全部歐洲文學，以及在這個大範圍中他自己國家的全部文學，構成一個同時存在的整體，組成一個同時存在的體系。」[74]就穆旦拒絕傳統舊詩的做法看來，他顯然未打算認同艾略特「歷史意識」的主張，雖然後者的理論對他影響很深。這應是個只知其表不知其裡的想法。艾略特的「傳統」並不是鐵板一塊，相反是開放的、互動的。他說：「假若傳統或傳遞的唯一形式只是跟隨我們前一代人的步伐，盲目地或膽怯地遵循他們的成功訣竅，這樣的『傳統』肯定是應該加以制止的。」所以他乾脆地說：「傳統並不能繼承。」在艾略特而言，傳統只能是被「補充」的：「在新作品來臨之前，現有的體系是完整的。但當新鮮事物介入，體系若還要存在下去，那麼整個的現有體系必須有所修改，儘管修改是微乎其微的。於是每件藝術品和整個體系之間的關係、比例、價值便得到了重新的調整；這就意味著舊事物和新事物之間取得了一致。」[75]因此，與其說艾略特是叫人去盲目繼承傳統，倒不如說艾略特是叫人去「修正」、「補充」傳統，以一種新的異質去融入傳統，構成一個新的傳統。從根本上說，艾略特本人就是個不「繼承」傳統的人。如果我們從這個角度去看穆旦的拒絕傳統舊詩，則可以說明穆旦非但沒有違背艾略特的主張，反是在中國現代漢詩上做著艾略特在西方詩史上同樣的工作，而且都取得了非凡的成就。

---

[74] 同註 29，頁 2。
[75] 同註 29，頁 3。

第四節　語言「奇特化」

　　從上面的分析我們知道穆旦對詩歌語言有兩個要求：現代的形象、清晰明白的意象，然而這都是比較抽象的說法，具體來說又是如何的呢？讓我們再看看上面穆旦談自己那首《還原作用》的話吧。穆旦說「這種詩的難處，就是它沒有現成的材料使用，每一首詩的思想，都得要作者去現找一種形象來表達；這樣表達出的思想，比較新鮮而刺人。」也就是說，他要的是一種能產生「新鮮而刺人」的思想的形象──這，就是穆旦對語歌語言最具體的要求；「新鮮而刺人」一詞，既是他針對舊詩的「一團詩意」、「形象陳舊」而言，更是他對取材於現代生活的詩歌語言的要求。

　　在穆旦看來，寫詩和寫散文的不同之處在於「要把普通的事奇奇怪怪地說出來，沒有一點『奇』才是辦不到的。」[76]他又主張要多寫詩，因為「有時而出好句子和新奇的幻想」[77]。有一次他在《詩刊》裡看到一首詩，特意叫朋友注意：「那裡用了一些比喻，很誇張的比喻，不同尋常的寫法，是該冊中唯一特殊的。我覺得你可以注意」[78]。從這些話看來，穆旦很注重詩的「奇」以及「不同尋常」，如果我們再聯繫穆旦要求詩的取材要有「發現的驚異」、「尖銳的感覺」的話，則我們可以歸納出穆旦對詩歌語言的要求就是「新鮮而刺人」、就是「奇特化」。

---

[76] 見《致郭保衛的信》(一)，頁 220。
[77] 見《致郭保衛的信》(八)，頁 236。
[78] 見《致郭保衛的信》(十五)，頁 246。

　　這裡的「奇特化」借用自俄國形式主義者。俄國形式主義者什克洛夫斯基著名的「奇特化」[79]，是針對「自動化」而來的。他認為，動作一旦成為習慣性的，就會變成自動的動作，這樣，我們的所有習慣就退到無意識和自動的環境裡。就像拿筆這個動作，我們已習以為常了，誰還會留意拿筆的動作？誰在拿筆前細想一下要如何拿筆？誰還會記得第一次拿筆時的感覺？因著這種「自動化」的緣故，「事物彷彿被包裝起來從我們身邊經過，我們根據它所佔的位置知道它是存在的，不過我們只看到它的表面。」[80]其實，說到底就是一種知覺的麻木，一種對習慣了的事物的「熟視無睹」，這在我們生活中的例子可謂比比皆是。為此，什克洛夫斯基提出：「為了恢復對生活的感覺，為了感覺到事物，為了使石頭成為石頭，存在著一種名為藝術的東西。藝術的目的是提供作為視覺而不是作為識別的事物的感覺；藝術的手法就是使事物奇特化的手法，是使形式變得模糊、增加感覺的困難和時間的手法」[81]，對什克洛夫斯基來說，「形象的目的並不是要使它帶有的意義更接近於我們的理解，而是要創造一種對事物的特別的感覺，創造它的視覺，而不是它的識別。」[82]而創造這種「奇特化」的具體方法就是「把對事物的通常的感覺轉移到新的感覺範

---

[79] 此詞又譯「陌生化」、「反常化」等。關於此詞的譯名，目前尚未有定譯，不過，方珊認為「陌生化」這一譯法跟俄文原意出入較大。參見方珊：《形式主義文論》，山東教育出版社，1999 年，頁 302-303；又方珊在該書第二章第三節「反常化與自動化」部分，對此詞的意義有深入的分析，可參看，見該書頁 56-64。方珊本人將此詞譯作「反常化」，本文此處採「奇特化」。

[80] [俄]維·什克洛夫斯基：《藝術作為手法》，載趙毅衡編：《俄蘇形式主義文論選》，中國社會科學出版社，1989 年，頁 64。

[81] 同上，頁 65。

[82] 同上，頁 71。

圍，因而就產生一種特殊的語義的變化。」[83]細心一想，穆旦對詩歌語言的詩學主張，不是跟什克洛夫斯基有不謀而合之處嗎？

穆旦之反對舊詩語言，就是因為它已經沒有新鮮感，只是「一團詩意」，可是他恰恰是個注重新鮮感、特殊性，要求給人「驚異」、「尖銳的感覺」的詩人。比如，1976 年，他曾勸一位學寫詩的朋友改寫小說，理由是「詩的目前處境是一條沉船，早離開它早得救。它那來回重複的幾個詞兒能表達什麼特殊的、新鮮的、或複雜的現實及其思想感情嗎？」[84]誰能否認，穆旦這種講究「新鮮而刺人」、講究「奇」的語言觀跟什克洛夫斯基沒有相通之處呢？當然，即使穆旦對詩歌語言的要求跟俄國形式主義者一樣，他們之間在本質上仍有差別的。正如伊格爾頓所指，「形式主義者只研究文學形式而忽略分析文學的『內容』……遠非把形式看作內容的表現，他們顛倒了整個關係：內容只是形式的『激發因素』，只是對某一特種形式運用的一個機會或適當的時機。」[85]而穆旦則認為「適當的形象往往隨著內容成形，但往往詩人也得加把想像力，給它穿上好衣裳。所以，最重要的還是內容。」[86]這便是穆旦跟形式主義者最大的不同了。

從「奇特化」的語言觀切入，則我們似乎不難明白杜運燮曾提及的這樣一種現象：「有個情況已有人指出過：穆旦譯的外國詩，特別是普希金、拜倫等的敘事詩，文字都很流暢可誦，而且

---

[83] 同上，頁 75。
[84] 見《致郭保衛的信》(十四)，頁 244。
[85] [英]特里·伊格爾頓：《當代西方文學理論》，王逢振譯，中國社會科學出版社，1988 年，頁 17。
[86] 見《致郭保衛的信》(二)，頁 223。

還盡可能做到按照原詩的腳韻樣式，使很多讀者愛讀。可是為什麼他譯詩流暢易讀而自己寫的一些詩卻反而令人感到難懂呢？可見不是他遣詞造句方面的問題，而主要是由於使用的比喻、意象和內容的獨特，詩思的跳躍，文字的節省，詩風的歐化影響。」[87]問題是，穆旦為什麼要做這許多叫人難懂的「動作」呢？我們的答案是：為了使詩「奇特化」。王佐良曾說：「穆旦的勝利卻在他對於古代經典的徹底的無知。甚至於他的奇幻也是新式的。那些不靈活的中國字在他的手裡給揉著，操縱著，它們給暴露在新的嚴厲和新的氣候之前。他有許多人家所想不到的排列和組合。」[88]我以為這是對穆旦詩歌語言「奇特化」最形象的說法。可以說，穆旦的詩作是真正實現了什克洛夫斯基「奇特化」理論中「使形式變得模糊、增加感覺的困難和時間的手法」的主張的。不妨讓我們重溫一下唐湜在 40 年代就作出的這個評論：「讀他的文字會有許多不順眼的澀重的感覺，那些特別的章句排列與文字組合也使人得不到快感，沒有讀詩應得的那種 Delightful(按：大喜的、可愛的)與 Smooth(按：平滑)的感覺，可是這種由於對中國文字的感覺力，特別是色彩感的陌生而有的澀重，竟也能產一種原始的健樸的力與堅忍的勃起的生氣，會給你的思想感覺一種發火的磨擦，使你感到一些燃燒的力量與體質的重量，有時竟也會由此轉而得一種『猝然，一種剃刀似的鋒利』」[89]。這不正在說著穆旦詩的語言是「奇特化」嗎？

---

[87] 同註 39，頁 153。

[88] 王佐良：《一個中國詩人》，載王聖思選編：《"九葉詩人"評論資料選》，華東師範大學，1996 年，頁 311。

[89] 唐湜：《穆旦論》，載《"九葉詩人"評論資料選》，頁 352。

　　為何穆旦會產生這種要求詩歌語言「奇特化」的詩學主張呢？我想，作為詩人，開拓、豐富本民族語言的寶庫，創造屬於自己的獨特詩歌語言應該是他的天職；每一個有志於詩創作的人都應有這種認識。穆旦豈會例外。另外，在穆旦的老師中，對他影響很大的燕卜遜就是個非常注重詩歌語言分析的理論家。還有他很欣賞的奧登，也是個注意以當代語彙入詩的詩人，如果說這兩位對穆旦的詩歌語言觀沒有影響，實在難以叫人置信。還有一個可能是根本性的原因：「現代主義乃語言中之語言。」按 R.卡爾的說法，就是「藝術家有其自己的民族語言，但還得發展或獲得另一種語言，即適於他的特定藝術樣式的現代主義的語言。只有在獲得了這種語言時，他才能成為一名先鋒派或現代派。」[90]穆旦絕無疑問是個現代派，甚至是先鋒。袁可嘉曾說：「要問穆旦這位詩人的位置何在，我說，他就在四十年代新詩現代化的前列。」

第五節　小結

　　穆旦是帶著破舊立新的想法踏上詩歌創作之途的，並通過自己的實踐總結出自己的詩學主張。我們可以粗略地概括為：

　　一、他要求詩歌要緊貼時代的脈搏，注重思想和情感，但內容卻要是讓人「驚異」、「大吃一驚」的，顯得「尖銳」的，因而要求詩人去發掘「深一層的內容」以達到「發現的驚異」；總

---

[90] [美]弗萊德里克・R・卡爾：《現代與現代主義》，傅景川、陳永國譯，吉林教育出版社，1995 年，頁 168。

之，就是一種「特殊的、新鮮的、複雜的現實及其思想感情」。

　　二、他堅持詩歌創作的藝術性、形象性，要求詩歌語言是現代的形象、清晰明白的意象，而且是「新鮮而刺人」的，能達到「奇特化」的效果。

　　三、他反對空洞的口號、濫情的感傷，將西方現代主義與浪漫主義理論兼收並蓄而提出「新的抒情」：一方面借鑑西方現代主義手法去構思詩行，以達到一種「機智」、內斂的抒情效果；另一方面學習浪漫主義詩人熱情昂揚的詩風，以抒發時代的最強音。

　　綜合上述分析，我們發現無論是取材內容還是表現形式，穆旦的詩學主張其實是互有關聯，貫徹著同一條的脈絡：不落俗套、特立獨行。他的詩歌理想、他的「新的抒情」，就是一種既呼應時代號召，又凸現藝術創新的詩歌形式。穆旦的《被圍者》寫道：

> 毀壞它，朋友！讓我們自己
> 就是它的殘缺，比平庸更壞：
> 閃電和雨，新的氣溫和泥土
> 才會來騷擾

　　我覺得這些詩句很可以用來形容穆旦詩學要做的事情，而他在「毀壞」中國舊詩的同時，的確得到了「新的氣溫和泥土」。

第四章　創作篇

　　海德格爾認為，「語言是存在的住所」，即語言不只是人們用以表達思想感情、達到相互理解和交流的手段，而且，人永遠以語言的方式擁有世界，世界也只有進入語言之中才成為「世界」。[1]那麼，語言對詩人而言，正是他擁有世界的方式，也是他向世界呈現的方式。因而，要了解詩人的「世界」，也必得走進他的「語言」。

　　在「理論篇」中，我們已基本總結出穆旦的詩學理想，在本部分，我們將從慣用語及悖論修辭手法這兩種「語言」的不同表現方式入手，從創作實踐來檢視穆旦的詩學，以收相互發明、補充之效。

　　之所以從慣用語及悖論修辭法角度入手研究穆旦的詩學，乃建基於葉維廉關於「語言的策略與歷史的關聯」的理論。葉氏認為，一篇作品產生的前後，必須有四個基本活動，其中兩個是：一、作者通過文化、歷史、語言對世界(物象)觀、感而有所認識了悟，所謂觀物感應過程，不同的看法自然有不同語言策略的選擇；二、作者的心象通過文字的表達始成作品，其中便引起因襲

---

[1]　參見涂紀亮：《現代西方語言哲學比較研究》，中國社會科學出版社，1996 年，頁 246。

形式的迎拒問題、文類的應用與變易、採取的角度的方式(獨白？直敘？戲劇場景？)等。[2]在本文中，慣用語正是語言策略的代表，悖論修辭法則是表現方式的代表，我們想看看穆旦在這兩方面的表現，以明白其詩歌產生的「策略」，並從側面窺見其詩學。

第一節　慣用語研究

　　這裡的「慣用語」研究並不是比較文學意義上的「慣用語」(Topic)研究。這裡的「慣用語」相等於「常用語」，即指在詩歌文本經常出現的字眼。如果說「不同的看法自然有不同語言策略的選擇」，那麼我們可以說慣用語的採用，正好能體現出作者對世界有意識(或無意識)的看法，以及從側面反映出作者的詩歌內容與主題的選擇。

一、「痛苦」

　　由最早的王佐良認為「主要的調子卻是痛苦」開始，有關穆旦詩歌的評論幾乎都少不了「痛苦」二字。「痛苦」似乎已成為穆旦詩歌給人最主觀的感覺，因此連對他的紀念文集也命名為《豐富和豐富的痛苦》。而事實上，當我們檢視穆旦所有作品[3]的「慣

---

[2] 葉維廉：《語言的策略與歷史的關聯——五四到現代文學前夕》，載《中國詩學》，三聯書店，1992 年，頁 211。

[3] 這裡的「所有作品」是據李方編的《穆旦詩全集》內收的篇目為準，其他未收入的但已發現的佚文未計入內。

用語」後，會發現裡面的確有「豐富的痛苦」。

　　「痛苦」以及近義的「苦痛」、「痛楚」在穆旦作品中出現了近 40 次 (詳附錄一)。在穆旦眼中，「痛苦」是世界的根本，是那至高無上的「主」定下的人生根本：「而我們是皈依的，/你給我們豐富，和豐富的***痛苦***」(《出發》)，所以「那時候我就會離開了亞當後代的宿命地，/貧窮，卑賤，粗野，無窮的勞役和***痛苦***……」(《蛇的誘惑》)，「燈下，有誰聽見在周身起伏的/那***痛苦***的，人世的喧聲？」(《童年》)甚至，連黎明也是痛苦的：「喲，***痛苦***的黎明！讓我們起來」(《出發》)也因此，他的《搖籃歌》唱的是「在你的隔離的世界裡，/別讓任何敏銳的感覺/使你迷惑，使你***苦痛***。」在穆旦看來，初生的嬰兒雖然懵懂，但卻因此能避開世界的苦痛，反而是好的。

　　順此下去，正因為痛苦是世界的根本，穆旦筆下充滿著受苦的形象：

　　　O 熱情的擁抱！讓我歌唱，
　　　讓我扣著你們的節奏舞蹈，
　　　當人們***痛苦***，死難，睡進你們的胸懷，
　　　搖曳，搖曳，化入無窮的年代，
　　　他們的精靈，O 你們堅貞的愛！
　　　　　　──《讚美》

　　　因為在史前，我們得不到永恒，
　　　我們的***痛苦***永遠地飛揚，

——《中國在哪裡》

呵，光，影，聲，色，都已經赤裸，
痛苦著，等待伸入新的組合。

——《園》

　　這種對人生痛苦的感觸並不是年輕時獨有，即便到晚年，穆旦在總結其人生的《智慧之歌》時，也是這麼唱的：

為理想而**痛苦**並不可怕，
可怕的是看它終於成笑談。

只有**痛苦**還在，它是日常生活
每天在懲罰自己過去的傲慢

　　如果說，人生本「痛苦」的感想是穆旦悲觀哲學所致的話，那麼，其中一半可能得歸因穆旦所看到的社會現實。穆旦詩中所呈現的「痛苦」，與其說是其悲觀哲學對世界的投射，不如說是現實世界給他的觀感。他看到的，是《合唱二章》裡古老中國廣大農民的痛苦，是《童年》裡於其周遭起伏的人世的痛苦，是《洗衣婦》的痛苦，是《饑餓的中國》的痛苦。所以，要總結穆旦「痛苦」的根源，或許以下的詩行最能說明問題：

無盡的陰謀；生產的**痛楚**是你們的，
是你們教了我魯迅的雜文。

——《五月》

正因為現實社會中的「無盡的陰謀」、正因為「中國的苦痛與災難/像這雪夜一樣廣闊而又漫長呀！」(艾青《雪落在中國的土地上》)，才形成了穆旦「痛苦」的「人生觀」。樓肇明說「穆旦一開始就自覺地把民族的苦難和個人的苦難結合起來」，這既說明穆旦「痛苦」的根源，也是知人的看法。

二、「絕望」與「希望」

「絕望」一詞在穆旦詩中出現 20 多次，而「希望」則約 40 次(詳附錄二)，從表面數字看，穆旦還是「積極」的。然而，當我們仔細察看上下文語境後，就會發現在穆旦詩裡，「希望」正相當於「絕望」。

穆旦詩裡的「絕望」跟他的「痛苦」一樣，都是社會現實對他的刺激而引起的觀感。在他看來城市是絕望的：「我們終於離開了漁網似的城市，/那以窒息的、乾燥的、空虛的格子/不斷地撈我們到*絕望*去的城市呵！」(《原野上走路》)；學校是絕望的：「雖然我已知道了學校的殘酷.在無數的*絕望*以後，別讓我/把那些課程在你的壇下懺悔」(《我向自己說》)；春天是絕望的：「殘酷的春天使它們伸展又伸展，/用了碧潔的泉水和崇高的陽光，/挽來*絕望*的彩色和無助的夭亡。」(《在曠野上》)；甚至連自己也是絕望的：「幻化的形象，是更深的*絕望*，/永遠是自己，鎖在荒野裡，/仇恨著母親給分出了夢境。」(《還原作用》)。然而，

相對於「絕望」而言，我們覺得穆旦的「希望」是更「絕望」。
雖然，晚年的穆旦說：

> 沒有理想的人像是草木，
> 在春天生發，到秋日枯黃，
> 對於生活它做不出總結，
> 面對**絕望**它提不出**希望**。
> 　　　　——《理想》

可是實際又如何呢？我們看到，「希望」在穆旦筆下往往以
負面的形象出現，像：

> 這時候天上亮著晚霞，
> 黯淡，紫紅，是垂死人臉上
> 最後的**希望**
> 　　　　——《蛇的誘惑》

> 也曾是血肉的豐富和**希望**，它們張著
> 空洞的眼，向著原野和城市的來客
> 留下決定。
> 　　　　——《荒村》

> 00000000 是我們的財富和**希望**
> 　　　　——《時感四首》

他們鼓脹的肚皮充滿嫌棄，
一如大地充滿**希望**，卻沒有人來承繼。
　　　　　——《饑餓的中國》

不幸的是：我們活到了睜開眼睛，
卻看見收穫的**希望**竟如此卑微：
　　心呵，你可要唾棄地獄？
　　　　　——《問》

更多的時候，「希望」是可望而不可即的，是不可得到的：

那不可挽救的死和不可觸及的**希望**
　　　　——《悲觀論者的畫像》

這不可測知的**希望**是多麼固執而悠久，
中國的道路又是多麼自由和遠遠呵……
　　　　　——《原野上走路》

希望，繫住我們。**希望**
在沒有**希望**，沒有懷疑
的力量裡
　　　　　——《中國在哪裡》

Ｏ愛情，Ｏ**希望**，Ｏ勇敢，
你使我們拾起又唾棄，

唾棄了，我們自己受了傷！

　　　　　──《哀悼》

希望，幻滅，**希望**，再活下去
在無盡的波濤的淹沒中，
誰知道時間的沉重的呻吟就要墜落在
於詛咒裡成形的
日光閃耀的岸沿上；

　　　　　──《活下去》

　　而在《時感四首》裡，詩中的「希望」其實是「絕望」的代名詞：

我們**希望**我們能有一個**希望**，
　　然後再受辱，痛苦，掙扎，死亡，
　　因為在我們明亮的血裡奔流著勇敢，
　　可是在勇敢的中心：茫然。

我們**希望**我們能有一個**希望**，
　　它說：我並不美麗，但我不再欺騙，
　　因為我們看見那麼多死去人的眼睛
　　在我們的絕望裡閃著淚的火焰。

還要在無名的黑暗裡開闢新點，
　　而在這起點裡卻積壓著多年的恥辱：

冷刺著死人的骨頭，就要毀滅我們的一生，

我們只**希望**有一個**希望**當作報復。

　　　　——《時感四首》

　　要解釋穆旦詩中這「絕望」與「希望」的辯證，我想魯迅先生引用裴多菲的那句「絕望之為虛妄，正與希望相同」是最好的註釋。「絕望」之於穆旦，正是一種在理想幻滅後的激憤之詞，恰似魯迅當年的《希望》：「這以前，我的心也曾充滿過血腥的歌聲：血和鐵，火焰和毒，恢復和報讎。而忽而這些都空虛了，但有時故意地填以沒奈何的自欺的希望。希望，希望，用這希望的盾，抗拒那空虛中的暗夜的襲來。」[4]所以，當錢理群說「穆旦是少數經過自己的獨特體驗與獨立思考，真正接近了魯迅的作家」，我以為穆旦的「絕望」感是一個最能說明的例子。

三、「夜」、「黑暗」

　　「夜」似乎是穆旦喜歡的「背景」，從詩題已可見一斑：《夏夜》、《冬夜》、《漫漫長夜》、《在寒冷的臘月的夜裡》、《夜晚的告別》等等；如果從詩行裡去看，則「夜」的出現次數就更頻密了，大約有 40 多次(詳附錄三)。

　　穆旦筆下的「夜」總是跟苦難、不幸連結在一起；夜彷彿是這些苦難、不幸發生的背景，卻更像是它們的同謀。夜裡，有那個「牛馬般的饑勞與苦辛」的《一個老木匠》；有「淒惻而尖銳

---

[4] 載《魯迅全集》(第 2 卷)，人民文學出版社，1981 年版，頁 177。

的叫賣聲」的《冬夜》；有「受了創傷」的《野獸》；有滿是痛
苦的「人世的喧聲」的《童年》；有「為了想念和期待，我咽進
這黑夜裡/不斷的血絲……」的《一個老人》；有「孕育/難產的
聖潔的感情」的《活下去》；有「黑暗而且寒冷」的《理智和感
情》……太多了！總之，穆旦的夜就是苦難與不幸的夜。當然，
最讓人神傷的是這樣的夜：

> 我們的祖先是已經睡了，睡在離我們不遠的地方，
> 所有的故事已經講完了，只剩下了灰爐的遺留，
> 在我們沒有安慰的夢裡，在他們走來又走去以後，
> 　　在門口，那些用舊了的鐮刀，
> 　　鋤頭，牛軛，石磨，大車，
> 　　靜靜地，正承接著雪花的飄落。
>
> 　　　　　　　　——《在寒冷的臘月的夜裡》

這是苦難深重的中國大地的夜。還有一種是這樣的：

> 我愛在雪花飄飛的不眠之*夜*，
> 把已死去或尚存的親人珍念
>
> 　　　　　——《冬》

這是飽歷政治不公、命運滄桑的老人的夜，其中的辛酸更是
難以用言語表達的。

與「夜」相關，穆旦詩中也有許多「黑暗」、「幽暗」(詳
附錄 3)。這兩個詞除用作修飾語外，很多時候更用作象徵現實世
界：

不要想，
黑暗中會有什麼平坦，
什麼融合；腳下荊棘
縈得你還不夠痛？
　　　　——《前夕》

他追求而跌進**黑暗**，
四壁是傳統，是有力的
白天，扶持一切它勝利的習慣。
　　　　——《裂紋》

還要在無名的**黑暗**裡開闢新點，
而在這起點裡卻積壓著多年的恥辱
　　　　——《時感四首》

在過去和未來兩大**黑暗**間，以不斷熄滅的
現在，舉起了泥土，思想和榮耀，
你和我，和這可憎的一切的分野。
　　　　——《三十誕辰有感》

我們是廿世紀的眾生騷動在它的**黑暗**裡，
我們有機器和制度卻沒有文明
　　　　——《隱現》

我們一切的追求終於來到**黑暗**裡，
世界正閃爍，急躁，在一個謊上，
而我們忠實沉沒，與原始合一

　　　　——《詩》

我衝出**黑暗**，走上光明的長廊，
而不知長廊的盡頭仍是**黑暗**；
我曾詛咒**黑暗**，歌頌它的一線光，
但現在，**黑暗**卻受到光明的禮贊：
　　心呵，你可要追求天堂？

　　　　——《問》

　　我們可以這樣理解，在穆旦詩中，「夜」之所以滿載著苦難與不幸，就是因為那現實世界無邊的「黑暗」所致。

四、「寒冷」等

　　「寒冷」以及與其類似的「寂靜」、「寂寞」、「寂寥」、「倦」、「枉然」等等字眼在穆旦詩中的反覆出現(詳附錄四)，正好印證了詩人公劉對穆旦的一個「負面評論」：「我不怎麼喜歡穆旦的詩。他的詩太冷。……過多的內省，過多的理性，消耗了他的詩思。」[5]而且，這也不是公劉一人的看法，比如唐祈說「他對自然、社會、人生和愛情，都採取冷峻自覺的態度。在一切苦難的歷程中折磨自己的靈魂，在內心世界進行殘酷的自我搏鬥，

---

[5] 公劉：《<九葉集>的啟示》，原載《花溪》月刊，1985 年第 6、7、8 期，轉引自杜運燮等編：《一個民族已經起來》，江蘇人民出版社，1987 年，頁 129。

以一顆孤獨的探險者的心尋求著理想，創造出詩的形象。」李焯雄也認為「穆旦詩的基本風格是悲觀和冷靜的。」

如果說這是因為穆旦接受西方現代主義影響而傾向於「內省」、「理性」、「冷峻」的詩風，雖不無道理，但我們看到，穆旦的「冷」實在是建基於他對現實的看法的。試想，一個生活在「痛苦」、「絕望」、「黑暗」的現實世界中的詩人，他的筆下如何能有熱火朝天、歡騰快活的景象呢？最重要的是，「冷」的形象是穆旦與現實對抗而失敗後的感想。這裡，「冷」不是他悲觀哲學的投射，而是時代生活的真相。要理解這個問題，或許王聖思的話對我們最有啟發：「他(穆旦)實在有點冷酷，把人生的真相赤裸裸剝給世人看。不給溫情的假象，不給廉價的安慰。然而正是在這樣殘酷的真實面前，你才會有重新審度人生的知性升華，你才會發現詩人隱藏的感情有多強烈！穆旦也許是悲觀。但有時悲觀的人卻在一定程度上道出生活的真面目，把你驚醒，逼你重新思考生命的價值，重新尋覓生活的真諦，給人以正視現實的勇氣。」[6]同時，請不要忘了，在許多人說穆旦詩歌「冷」的同時，也有許多人說穆旦的詩歌充滿著「熱」。比如，唐湜就說讀穆旦詩「能產生一種原始的健樸的力與堅忍的勃起的生氣，會給你的思想感覺一種發火的磨擦，使你感到一些燃燒的力量與體質的重量」；袁可嘉則認為「讀穆旦的某些詩，我總覺得有一種新詩中不多見的沉雄之美。」

因此，我認為與其指責詩人的「冷」，倒不如去看看詩人所描寫是真實的景況還是虛構的假象，詩人所抒發的是切身感受還

---

[6] 王聖思：《生命的搏動‧知性的升華》，載《一個民族已經起來》。

是虛情假意，這或許會較符合實際。讓我們看例子吧：

> 暫時放下自己的憂思，
> 我願意傾聽著**淒涼**的歌，
> 那是大地的**寂寞**的共鳴
> 把**疲倦**的心輕輕撫摸。
>
> ——《秋(斷章)》

　　這首詩穆旦生前未發表，也未寫完。說這首詩「冷」嗎？有點。但對一個經受近 30 年政治磨難的人來說，這卻是最真實的感受；我們要佩服的倒是詩人並沒有因為自己的不公平遭遇而怨憤、責難，反是無爭無求的「冷靜」。

五、「血」

　　陳敬容形容穆旦的筆法是「剝皮見血」，袁可嘉說「穆旦佳作的動人之處卻正在這等歌中帶血的地方」。巧合的是，穆旦詩中正好也有許多「血」字，接近 50 次(詳附錄五)。

　　「血」在穆旦筆下呈現多種意思：勞苦大眾的血(《兩個世界》；國難當頭的血(《哀國難》、《野獸》《合唱二章》、《從空虛到充實》、《讚美》)；仁人志士的血(《蛇的誘惑》、《原野上走路》、《給戰士》、《饑餓的中國》、《犧牲》、《詩四首》)；慾望的血(《沉沒》)；更多的是平凡人在戰爭的苦難日子裡所流的血。

對於穆旦詩中多次出現「血」字的評論，我們完全可以借用費勇評論台灣詩人洛夫的話。費勇發現洛夫詩中「有關『血』的詞彙之多，幾乎可自成一個譜系」[7]，他認為：「說洛夫的詩，每一行都有『血絲』，似乎誇張，但確實，他的詩總是帶點血的鞭痕。而且，洛夫詩中的血，是生命因死亡、戰爭、傷殘與遭蹂躪的血，是從傷口湧出的血，是從心中咯出的血，那是一種殘酷、一種顫慄、一種苦難。」[8]假如將上文中的「洛夫」換作「穆旦」，不僅貼切非常，更可說是「度身訂造」。

六 「死」

最後一個要談的穆旦慣用詞是「死」。「死」字在穆旦詩中出現的次數之多應該是中國現代漢語詩人中罕見的，有近 60 次(詳附錄六)，而這還只算「死」字本義，即生命的消失，其他以「死」字作修飾語的(如死寂)並沒有計算在內。

如果這句話不算誇張的話，那我們會說：翻閱《穆旦詩全集》，幾乎每一頁都有「死」字。連題目中也有《他們死去了》、《甘地之死》、《我的叔父死了》等直接以「死」為題。分析這些「死」，我們發現大致可以分成兩種：一種就是戰爭中的「死亡事件」：

---

[7] 費勇：《洛夫與中國現代詩》，東大圖書公司，1994 年，頁 17。又，費勇在該文中說：「在現代中國詩歌中，有關血的詞彙，出現得相當少，只是被個別詩人偶一用之」，這一看法似乎未考慮到穆旦。參見該書頁 16。
[8] 同上，頁 18。

那些個殘酷的，為**死亡**恫嚇的人們，
像是蜂踴的昆蟲，向我們的洞裡擠。
　　　　　——《防空洞裡的抒情詩》

死亡的符咒突然碎裂了
發出崩潰的巨響，在一瞬間
我看見了遍野的白骨

然而這不值得掛念，我知道
一個更靜的**死亡**追在後頭
　　　　　——《從空虛到充實》

活下去，在這片危險的土地上，
活在成群**死亡**的降臨中
　　　　　——《活下去》

因為一個合理的世界就要投下來，
我們要把你們長期的罪惡提醒，
種子已出芽：每個**死亡**的爆炸
都為我們受苦的父老爆開歡欣。
　　　　　——《轟炸東京》

讓我歌唱，
讓我扣著你們的節奏舞蹈，

當人們痛苦，*死難*，睡進你們的胸懷

　　　　——《合唱二章》

過去的是你們對*死*的抗爭，

你們死去為了要活的人們的生存，

那白熱的紛爭還沒有停止，

你們卻在森林的周期內，不再聽聞。

　　　　——《森林之魅》

可憐的人們！他們是*死*去了

*死*去，在一個緊張的冬天，

像旋風，忽然在牆外停住

　　　　　——《他們死去了》

今天是混亂，瘋狂，自瀆，白白的*死*去——

然而我們要活著：今天是饑餓。

　　　　　——《饑餓的中國》

另一種則是「死亡」這件「事」：

然而，那是一團猛烈的火焰，

是對*死亡*蘊積的野性的凶殘

　　　　　——《野獸》

在那短暫的，稀薄的空間，

我們的家成了我們的死亡。

我知道，我給了你
過早的誕生，而你的死亡，
也沒有血痕，因為你是
留存在每一個人的微笑中

你只有死亡，
我的孩子，你只有死亡。

　　　　　——《神魔之爭》

堅定地，他看著自己溶進死亡裡，
而這樣的路是無限的悠長的
而他是不能夠流淚的

　　　　　——《讚美》

毀滅的女神，你腳下的死亡
已越來越在我們的心裡滋長

　　　　　——《苦悶的象徵》

我不禁對自己呼喊：
在這死亡底一角，
我過久地漂泊，茫然

　　　　　——《埋葬》

> 我們已經有太多的戰爭，朝向別人和自己，
>
> 太多的不滿，太多的生中之**死**，**死**中之生，
>
> ——《隱現》

還有一個可注意的是，即使到晚年穆旦詩中仍然出現「死」字：

> **死亡**的陰影還沒有降臨，
>
> 一切安寧，色彩明媚而豐富
>
> ——《秋》

「死亡」，是穆旦身處的三四十年代中國最常見的事，更是穆旦本人最刻骨銘心的真切體驗。熟悉穆旦的讀者都會記得王佐良的這一段描述：「那是一九四二年的緬甸撤退。他從事自殺性的殿後戰。日本人窮追。他的馬倒了地。傳令兵死了。不知多少天，他給死去戰友的直瞪的眼睛追趕著。在熱帶的豪雨裡，他的腿腫了。疲倦得從來沒有想到人能夠這樣疲倦，放逐在時間——幾乎還在空間——之外……但是這個廿三歲的年青人結果是拖了他的身體到達印度。……以後在印度三個月的休養裡又幾乎因為饑餓之後的過飽而死去」[9]，這個「他」就是穆旦。穆旦是跟死神打過照面的人，可是他的筆寫的卻是現實中的人以及他們的死亡，是防空洞裡的死亡，是轟炸東京時的死亡，是「遍野的白骨」

---

[9] 王佐良：《一個中國詩人》，載《"九葉詩人"評論資料選》，華東師範大學出版社，1996年，頁307-308。

的死亡。他似乎不喜歡形而上的玄思，不像哲學家般去思考死亡的「存在意義」——在穆旦那裡，死亡不是抽象的哲學命題，而是實實在在的身邊近事，是他們的每天所見，也是籠罩在他們頭頂的隨時會實現的威脅。

這裡有一個可供對照的案例。據金絲燕研究，「在李金髮的《微雨》詩集裡，『死』及其畫面在 60 首詩中出現，其頻率之高，描寫之無情，使慣於田園情詩的讀者驚駭。」可是，李金髮筆下的死亡卻是模仿波德萊爾的，而且更偏向於對「死之惡」的接受。金絲燕說李金髮的「死與『可怖』同在」。我們可看一個她舉的例：

> 神秘，
> 殘酷，
> 在生物之頭顱上
> 嬉戲了。
> [……]
> 終倒死在木板
> 張著可怖之兩眼。
>
> ——李金髮：《死者》

所以，金絲燕認為「在中國新詩史上，李金髮則為寫死的第一詩人。所謂第一，是就其寫死之惡的淋漓盡致而言。」[10]然而，

---

10 金絲燕：《文學接受與文化過濾——中國對法國象徵主義詩歌的接受》，中國人民大學出版社，1994 年，頁 232。

正如孫玉石先生所批評的，李金髮詩中的「死」，「是對生活的詛咒，也是對死亡的頌歌。他在死的歌頌裡，寄托了對生活的失望和感傷。由於他缺乏叛逆和創造的精神，而只學習了象徵派世紀末的情調，使得他對死亡的歌頌，帶有極濃重的消極頹廢的色彩。」[11]

相對於李金髮，我們發現穆旦詩中的「死」是更近於「白骨露於野，千里無雞鳴，生民百遺一，念之斷人腸」的「建安風骨」。穆旦不歌頌死，他是揭露死的嚴酷，哀嘆死的不絕，更批判造成死的現實根源。讀穆旦有關死亡的詩，我們感到的不是死的可怖，而是一種對生命逝去的無限惋惜，以及生命之必須死的沉重。

七、小　結

簡略介紹過穆旦詩中的慣用語後，我們最迫切需要解釋的問題就是：為什麼穆旦詩中會充滿著「死」、「血」、「痛苦」、「黑暗」、「寒冷」等字眼呢？這可以從兩方面來看。

首先，上述六組詞語不是穆旦從自己悲觀哲學出發臆想出來的(與李金髮不同)，而是他看到的三四十年代以及五十年代以來中國社會的現實本身。穆旦人生的大部分時間都是在動盪不安的環境中度過。三四十年代有日本的侵華戰爭，之後是國共內戰以及因之而起的社會動盪，再之後，就是連串的政治運動，可以說，穆旦一生未曾有過一刻的安寧。因而，在穆旦的歷史環境中，現

---

[11] 孫玉石：《中國初期象徵派詩歌研究》，第 81-82 頁；轉引自金絲燕上引書，頁 224-225。

實世界滿怖著死亡、血、黑暗、痛苦、寒冷。如果說，「在象徵派詩人的手裡，一切自然景物，一切客觀事物都如同有生命有思想的人一樣，不僅可以形象地表現作者的思想感情，而且它們本身就是生命有感情的存在。」[12]那我們會說上述六組詞語，在穆旦詩中大部分不是要起李金髮式的象徵作用，也不是艾略特意義上的「客觀對應物」。這些慣用語，其實就是他生活現實中的一部分，是他詩歌要描寫的「主題」，他不得不面對的「主題」。

其次，穆旦下面這一段評論雪萊的話也許正是他的「夫子自道」：「雪萊的一生是戰鬥的，但由於他是獨自和反動勢力鬥爭而沒有和工人階級在生活上打成一片，他的一生也是顯得孤獨的。……這樣一種孤寂的，被敵意所包圍的生活，……自然要引起不健康的情緒，使詩人不斷地想到死，想到生活的虛妄和世事的無常了。」穆旦總結說：「這是可以理解的：憂鬱的心情是這樣一種戰士有時不得不付出的代價。」[13]撇開裡面的某些意識形態話語不提，穆旦在寫這段話的時候應是感同身受的。為什麼這樣說呢？

葉維廉說：「從大處著眼，傳統中國的詩和藝術多傾向於人與自然的和諧關係，現代中國文學則傾向於社會與個人的衝突。」然而，當作者轉向「社會與個人的關係」時，作者就要選擇：是「指向理想的社會而貶低個人的重要性嗎？」還是「應該強調個人情思自由的揮發而背向社會嗎？」[14]面對這種哈姆雷特式的抉

---

[12] 孫玉石：《中國初期象徵派詩歌研究》，北京大學出版社，1983 年，頁 116。

[13] 穆旦：《〈雪萊抒情詩選〉序》，載中國現代文學館編：《穆旦代表作》，華夏出版社，1999 年，頁 186-187。

[14] 同註 2，頁 212-213。

擇，作為一個「中國的民族布爾喬亞」（唐湜語），穆旦彷彿天生注定是悲劇的。王佐良曾說「穆旦並不依附任何政治意識」，這當然使他能越過口號式政治的庸俗，在別的中國作家被「政治意識悶死了同情心」之時以更冷靜深刻而又飽含感情的筆觸去描述現象。然而也正因為他不依附任何政治意識，當他面對社會與個人矛盾時，一方面同情國家、民眾的苦難，一方面他又要堅守自己個人的政治價值，於是便不得不陷入深深的痛苦當中。因為，當他面對那些「不幸的人們」、「洗衣婦」、「報販」、「農民兵」，以至在寒冷的臘月的夜裡的北方大地、政治寒流深鎖的人生之冬時，他既無力抗拒其發生，也無力扭轉其結果，也不能為自己所同情所愛的人或處境找到解決的道路與方法。可是，光有同情而沒有解救之道對那些人是於事無補以至是廉價的。而穆旦，也只能像看著路邊一位傷疤淌血且滿圍著蒼蠅的傷者般面對著他眼前的人群，雖想極力救治卻束手無策，因而只能深懷同情地焦急，並因此而自責於自身的無能軟弱，最終導致他自己所說的雪萊式的「不健康情緒」。

　　這就是穆旦詩中為什麼會有那麼多「死亡」、「血」等慣用語的原因。

　　接著，我們再把上述的六組慣用語比照一下穆旦的詩學，發現這裡面存在著表面矛盾實質辯證的關係。

　　我們看到，穆旦的慣用語正如他所要求的緊貼時代脈搏，表現現實社會的真相，但是，必須承認穆旦的詩歌並不是如他所要求的抒發時代熱情昂揚的最強音，相反是某種「不健康的情緒」，這顯然是矛盾的。然而，不可忘記的是，穆旦堅持詩歌創作的藝

術性，反對空洞的口號、濫情的感傷。當他面對社會與個人的矛盾時，他並沒有被政治需求窒息了自己的藝術良心。所以，當事隔半個世紀後，台灣的年輕詩人楊宗翰說穆旦《時感》一詩「和台灣七十年代流行的批判性強的社會詩相較絕不遜色」時，恰正能說明穆旦非但沒有背叛自己的詩學主張，反是藉此最真實地揭露了時代的真相。此其一。

其二，穆旦要求詩歌內容要給人以「發現的驚異」，要「新鮮而刺人」。從上述六組慣用語來看，我們可以說穆旦在中國現代漢語詩史上建立了最獨一無二的「死亡詩學」。在穆旦之前，現代漢語詩歌裡有郭沫若的戰鬥的狂呼、有冰心的母愛的呢喃、有徐志摩的愛情的燕語、有戴望舒的理想的徬徨、有聞一多的死水的激憤、有馮至的生命的沉思，可是，我們找不到穆旦詩中對死亡、對血、對黑暗的控訴式的聲音及反思式的焦慮。穆旦通過最切身的體驗找到了他自己時代中最尖銳、最刺人的「死亡」與「血」作為詩歌的抒情內容，這是他對現代漢語詩最大的貢獻。穆旦念念不忘奧登說「要寫他那一代人的歷史經驗，就是前人所未遇到過的獨特經驗」，應該說，穆旦的確寫出了自己一代人的歷史經驗，是前人所未遇到過的獨特經驗。因為，「死亡」與「血」的確讓人感到「驚異」、感到「新鮮而刺人」。

其三，王佐良提出的穆旦的「謎」：「他一方面最善於表達中國知識份子的受折磨而又折磨人的心情，另一方面他的最好的品質卻全然是非中國的。」我想，所謂「他的最好的品質卻全然是非中國的」，就是穆旦詩中的上述內容，相對於講究謙和沖淡、蘊藉含蓄之美，以及興觀群怨之道的中國傳統詩歌，他的詩歌是

個最大的「冒犯」。而這可能也是穆旦終生拒絕中國舊詩的原因，因為，對死亡、對血、對黑暗的控訴式的聲音及反思式的焦慮，的確不是「傳統的陳詞濫調和模糊不清的浪漫詩意」(穆旦語)所能承載的。另一方面，王佐良同時說「在別的中國詩人是模糊而像羽毛般輕的地方，他確實，而且幾乎是拍著桌子說話。」我以為就是指穆旦真實地面對自己時代中最尖銳的現實，以一種「剝皮見血的筆法」表現出的「剃刀似的鋒利」的深刻自省；這種深刻自省使他贏得了同時代詩人的公認，認為「他足以代表了整個中國小知識份子在苦悶的時代普遍的感到傷害，冷酷」(李瑛語)。

第二節　悖論修辭法研究

一、關於「悖論修辭法」

所謂悖論修辭法(Paradox)，又譯「反論」、「詭論」、「矛盾語」，台港地區則一般譯為「弔詭」，意思是「一種表面上自相矛盾的或荒謬的，但結果證明是有意義的陳述。」[15]據介紹，早在公元前 3 世紀，亞里士多德就首先在其《修辭學》中研究了這種修辭法。[16]其後，悖論修辭法在西方文學作品中得到廣泛的應用。其中，為艾略特讚賞的多恩(John Donne)在其散文及詩歌中特

---

[15] 參見王先霈、王又平主編：《文學批評術語詞典》，上海文藝出版社，1999 年，頁 286，「悖論」條。
[16] 參見范家材編著：《英語修辭賞析》，上海交通大學出版社，1992 年，頁 134。在該書，范先生將 Paradox 譯為「似非而是的雋語」。

別重視悖論手法的運用。[17]與此同時，悖論修辭法在中國文學中也是常見的手法，甚至日常生活用語中的「大小」、「多少」等等，又或者如《老子》裡「道可道，非常道；名可名，非常名」以及「知者不言，言者不知」等都是悖論的例子。[18]

悖論修辭法在廿世紀因為艾略特對多恩的推崇，連帶也成為現代詩中一種「顯法」。艾略特在其名篇《玄學派詩人》裡讚許多恩那種「把好幾個意象和眾多的浮想相互套入的修辭手法」是「最成功和最獨到的」[19]。其後，深受艾略特影響的美國「新批評派」更把悖論修辭法奉為現代詩創作的圭臬。最著名的是布魯克斯(Cleanth Brooks)寫的《悖論語言》。文中，布魯克斯直接宣佈：「詩的語言是悖論語言。」又說「悖論正合詩歌的用途，並且是詩歌不可避免的語言。」[20]姑勿論其說成立與否，但悖論修辭法經「新批評派」主將的「品評」後更「名滿天下」卻是事實。當然，悖論手辭法在現代批評中被如此重視，也有其內在原因的：「20世紀哲學逐漸摒棄遵循因果關係的思維方式，並轉而接受矛盾和對立。當代文論家對文學中的悖論現象極其關注，這似乎是上述哲學動向的確切反映。」[21]

40年代末，穆旦的詩友袁可嘉致力推動「新詩現代化」時，

---

[17] 關於悖論修辭法在西方文學中的影響，請參看周式中等主編：《世界詩學百科全書》，頁157-158，「反論」條。

[18] 關於悖論在中國文學中的應用可參看周發祥：《西方文論與中國文學》第七章第四節「詩意悖論與悖論詩學」，江蘇教育出版社，1997年，頁164-168。

[19] [英]艾略特：《玄學派詩人》，載李賦寧譯：《艾略特文學論文集》，百花洲文藝出版社，1994年，頁15。

[20] [美]克林思‧布魯克斯：《悖論語言》，載趙毅衡編選：《"新批評"文集》，中國社會科學出版社，1988年，頁314。

[21] 福勒語，轉引自王先霈、王又平主編：《文學批評術語詞典》，頁286。

便曾介紹這種他譯為「似是而非，似非而是」的"paradox"：「現代詩人和玄學詩人都同樣喜歡用。他們覺得它最適合戲劇化的要求，因為它本身至少就包含兩種矛盾的因素，在某種行文次序中，它往往產生不止兩種的不同意義，這便造成前次我們所說的『模棱』，而使詩篇豐富。」[22]但其實早在袁可嘉介紹之前，中國的現代主義詩人如李金髮、卞之琳、馮至、廢名等便已在使用這種手法。

據范家材教授介紹，悖論有三個構成因素：

1. 顯而易見是自相矛盾的，是悖逆於公認的價值標準的，例如：「保守的自由主義」、「實際的理想主義」、「重感情的理性主義」等；

2. 由於表層含義和深層含義的背離(dissociation)，往往是令人驚訝和懷疑的，例如：「愛之越深，恨之越切」、「沒有特點的特點」等；

3. 蘊含的潛在真理或解決問題的方法，通常是被認為不可接受甚至驚世駭俗的，例如：丘吉爾說的「安全是恐怖的健壯嬰兒，生存是毀滅的孿生兄弟.」，或者「好死不如懶活」等。[23]

此外，悖論修辭法還有一種「濃縮形式」叫矛盾修飾法(Oxymoron)，指「用兩種不相調和、甚至截然相反的特徵來形容一項事物」[24]，比如「甜蜜的苦戀」、「偉大的卑微」等等。

---

[22] 袁可嘉：《談戲劇主義——四論新詩現代化》，載《半個世紀的腳印——袁可嘉詩文選》，人民文學出版社，1994年，頁80。
[23] 除個別例子外，出處同註16，頁134-136。
[24] 同註16，頁138。此外尚可參看周式中等主編：《世界詩學百科全書》，頁331。

從本質而言，不論是悖論修辭法還是矛盾修飾法，「它們不只是修辭學中的小角落，而是扮演哲學和戰略策略的角色。它們不僅能添加斐然的文采，而且能強迫聽眾、讀者進行違反常規的思考，探索深層的理解，因而具有認識論的意義。」[25]

二、穆旦詩中的悖論修辭

有了這些認識之後，我們回頭看穆旦詩歌時，會發現悖論修辭法不但是他最主要、最常用的修辭法，而且其數量之多肯定是中國現代詩人中罕見的；就本文初步摘錄，已有七十多例(詳附錄七)。而這正是本文要從悖論修辭法切入探討穆旦詩學的原因。

按上述三種悖論因素及其濃縮形式矛盾修飾法來分，穆旦詩中的例子如下：

1. 矛盾修飾法：

O，讓我的呼吸與自然合流！
讓歡笑和哀愁瀉向我心裡，
像季節燃起花朵又把它吹熄。

——《我看》

一些影子，***愉快又恐懼，***
在無形的牆裡等待著福音。

——《從空虛到充實》

---

[25] W.D.Redern 語，轉引自范家材上引書，頁 134。

所有的人們生活而且幸福

——《在曠野上》

讓我們起來，讓我們走過
濃密的桐樹，馬尾松，豐富的丘陵地帶，
歡呼著又沉默著，奔跑在河水兩旁。

——《出發》

2. 顯而易見是自相矛盾的，是悖逆於公認的價值標準
的：

他笑了，他不懂得懺悔，
也不會飲下這杯回憶，
彷徨，動搖的甜酒。

——《從空虛到充實》

在德明太太的汽車裡，
經過無數"是的是的"無數的
痛楚的微笑，微笑裡的陰謀，
一個廿世紀的哥倫布，走向他
探尋的墓地

——《蛇的誘惑》

那些淫蕩的遊夢人，**莊嚴的**

幽靈，拖著僵屍在街上走的，
伏在女人耳邊訴說著*熱情的*
懷疑分子
　　　　　　——《漫漫長夜》

誰知道暖風和花草飄向何方，
殘酷的春天使它們伸展又伸展，
用了碧潔的泉水和崇高的陽光，
挽來絕望的彩色和無助的夭亡。
　　　　　　——《在曠野上》

　　3．由於表層含義和深層含義的背離(dissociation)，
往往是令人驚訝和懷疑的：

同一的陸沉的聲音碎落在
我的耳岸：無數人活著，死了。
　　　　　　——《漫漫長夜》

我自己的恐懼，在歡快的時候，
和我的歡快，在恐懼的時候
　　　　　　——《悲觀論者的畫像》

化無數的惡意為自己營養，
他已開始學習做主人底尊嚴。

——《幻想底乘客》

不，這樣的呼喊有什麼用？
因為就是在你的獎勵下，
他們得到的，是恥辱，滅亡。
——《神魔之爭》

4. 蘊含的潛在真理或解決問題的方法，通常是被認為不可接受甚至驚世駭俗的：

我是獨自走上了被炸毀的樓，
而發見我自己死在那兒
僵硬的，滿臉上是歡笑，眼淚，和歎息。
——《防空洞裡的抒情詩》

朋友，天文臺上有人用望遠鏡
正在尋索你千年後的光輝呢，
也許你招招手，也許你睡了？
——《勸友人》

雖然現在他們是死了，
雖然他們從沒有活過，
卻已留下了不死的記憶
——《鼠穴》

> *人世的幸福在於欺瞞*
> *達到了一個和諧的頂尖。*
>
> ——《哀悼》

　　從這些隨意舉出的例子可以看到，穆旦是非常善於運用悖論修辭手法去加強情感的抒發的。但是，有一點可注意的是：「附錄 7」裡所列的例子中只有三例是寫於 1940 年代之後的，即《演出》、《春》及《問》，也就是說，穆旦最大量運用悖論修辭法的詩都創作於 40 年代。

　　接下來的問題是：穆旦為什麼大量採取悖論修辭法呢？

三　穆旦論悖論修辭法

　　我們發覺穆旦本人似乎頗喜歡某種「拼貼」的創作手法，雖然他沒說明是悖論修辭法。在評論艾青《他死在第二次》時，穆旦說：「作者在心理刻劃上，使我們聯想到了 Herry James 和 Marcel Proust[26]在小說所用的手法，——從各種不同的場合中，出了更貼近真實的，主人公的浮雕來。很明顯地，這種手法是比一切別的心理描寫法都更忠實於生活的。」[27]如果說這段評論還欠確鑿的話，那麼在介紹普希金的《寄西伯利亞》時穆旦寫的這段話應比較接近了：「兩組相反的事物，『低沉』和『昂揚』的兩

---

[26] 即美國小說家亨利‧詹姆斯及法國小說家普魯斯特，兩者皆以「意識流」創作小說而著名。

[27] 穆旦：《〈他死在第二次〉》，載中國現代文學館編：《穆旦代表作》，頁 160。

類意象，交替地打動我們的心，使我們的情感在兩組感性事物之間反覆激盪。現實本身也是這樣的：要實現『崇高的理想』，不能不通過『辛酸的痛苦』；有了『災難』，才更激發『希望』；『自由』是必須從戰鬥裡取得的。這首詩一方面在思想意識上肯定了這種現實，另一方面，它的藝術組織，感性因素的排列，也深刻地符合現實生活的規律，使我們一節一節讀下去的時候，隨著思路的反覆回旋，感到其中所含蓄的情感的深厚。」[28]看見這些話，我們不禁要高呼：這是穆旦在為自己的詩、為自己詩中的悖論作註解呀！穆旦明確地告訴讀者：現實本身就是矛盾的辯證統一體。詩只有從矛盾的辯證去把握才能「深刻地符合現實生活的規律」，也只有這樣才能使人「感到其中所含蓄的情感的深厚。」這裡還可以補充一段穆旦對丘特切夫詩藝的評論：「丘特切夫在語言和形象的使用上，由於不承認事物的界限而享有無限的自由；他常常可以在詩的情境上進行無窮的轉化，在同一首詩中，可能上一句由『崇高』轉到『卑微』，由心靈轉到物質，下一句又轉化回來。這樣，一首詩就可能有無窮的情調，和極為變化莫測的境界。」[29]穆旦顯然頗為欣賞丘特切夫這種「情境上進行無窮的轉化」的類似悖論修辭的創作手法。

　　那麼，悖論修辭法跟穆旦詩學有何關係呢？我們說，悖論這種「強迫聽眾、讀者進行違反常規的思考，探索深層的理解，因而具有認識論的意義」的修辭法，正正符合穆旦的詩學理想。從

---

[28] 穆旦：《普希金的〈寄西伯利亞〉》，載《穆旦代表作》，頁 175。
[29] 穆旦：《〈丘特切夫詩選〉譯後記》，載曹元勇編：《蛇的誘惑》，珠海出版社，1997 年，頁 216。

「理論篇」裡我們知道,穆旦認為現代詩應該「要排除傳統的陳詞濫調和模糊不清的浪漫詩意,給詩以嚴肅而清晰的形象感覺」,進而表現「特殊的、新鮮的、或複雜的現實及其思想感情」。悖論修辭法顯然能達到穆旦這種理想。

首先,即使是一句普通的矛盾修飾語,也會給人一種「驚異」的感覺,像「一些影子,愉快又恐懼」、「歡呼著又沉默著,奔跑在河水兩旁」,又或者「比現實更真的夢,比水更濕潤的思想」等等,都是一些「奇句」。

其次,悖論這種「違反常規」的修辭手法,本身就是特殊的、新鮮的思考形式,它給讀者的刺激是非常大的,讀者如果不稍花時間琢磨一下內裡的深層含意,有時候會覺得這些詩句是「不知所云」的。比如下列的例子:

> 我是獨自走上了被炸毀的樓,
> 而發見我自己死在那兒
> 僵硬的,滿臉上是歡笑,眼淚,和歎息。
> ——《防空洞裡的抒情詩》

這是穆旦詩中比較著名的片段,也是悖論修辭的極好例子。這裡有兩行叫人不解的句子:「而發見我自己死在那兒/僵硬的,滿臉上是歡笑,眼淚,和歎息。」——「我自己」怎會「死在那兒」呢?如果我已經死了,又怎能「發見」自己的死呢?為什麼滿臉上是「歡笑,眼淚,和歎息」呢?如果「歡笑」的話,為什麼又會有「眼淚,和歎息」呢?它們為什麼會同時出現呢?為什

麼「死人」臉上會出現「歡笑，眼淚，和歎息」呢？……連串的問題迫使讀者必須認真地進入詩歌的語境中去仔細推敲始能慢慢有所領悟。這跟穆旦說的讀舊詩「不太費思索，很光滑地就溜過去了，從而得不到什麼或所得到的，總不外乎那麼『一團詩意』而已」相比，顯然不可同日而語。

再其次，悖論修辭可以通過表面簡單的語句，表達出發人深省、餘味無窮的生活道理，這正符合穆旦要求詩歌表達複雜的思想和感情的理想。比如：

> 人世的幸福在於欺瞞
> 達到了一個和諧的頂尖。
> ——《哀悼》

為什麼「欺瞞」竟會是「幸福」呢？既是「欺瞞」又怎能「和諧」呢？這是每一個看到這兩行詩的讀者都會提的問題。要理解這兩行詩，就要明白穆旦對生活的看法。在《哀悼》中，穆旦認為生活就像個「廣大的病院」，人生活於其中只能得到枉然的疲勞，一切都是無助的，因為連醫生也「有他自己的病症」，而人與人之間只會互相欺瞞。這是穆旦對生活既悲觀又無奈的激憤之語。「人世的幸福在於欺瞞」其實就是說人世根本不存在「幸福」這回事，有的話也只能是「欺瞞」；「達到了一個和諧的頂尖」就是說「欺瞞」在生活已是「完美」地存在著，人們很難去打破這種「和諧」。讀者自可以不認同作者的思想觀點，但他也得佩服作者竟能把這麼複雜的思想僅用兩行詩句就表達出來的技巧。

　　這裡可以順帶一提所謂「晦澀」問題。穆旦詩歌「晦澀」似乎已成「共識」，不過，我們從上述的例子可以看到，穆旦詩中的「晦澀」不過是他要表達複雜的思想而通過某種修辭手法(如本例的悖論)而造成，只要我們細心尋思一下，就會發覺穆旦的詩非但可解，而且有餘韻無窮之效。所以，只要我們明瞭了穆旦的修辭手法，「疑雲」自然就迎刃而解。許多人以「晦澀」責難穆旦的詩，當中原因很大一部分可能就因為他們不願意花時間去了解穆旦的創作手法，也不願花時間去細味穆旦詩中的含意而已。

　　最後，悖論修辭法正是艾略特讚賞的「機智」(Wit)創作手法之一，就是把表面看似不相干的概念組合在一起，既達到「客觀對應」的「隔離」效果，避免了濫情的出現，又能創出一種新的審美感受，刺激讀者的思考。而我們已經知道，這也是穆旦的詩學理想。

　　綜合以上四點，我們也可以說，穆旦之所以在詩中大量採用悖論修辭法，原因之一就是悖論恰正符合其詩學主張。同時，悖論修辭法為穆旦的詩歌帶來的，正是「無窮的情調，和極為變化莫測的境界」，怪不得穆旦會帶著欣喜的口吻來讚賞丘特切夫的詩。

第五章　結　論

　　作為第一篇探討穆旦詩學的論文，本文到此終於要結束這段有點「尷尬」的旅程了。

　　在本文中，我們要探討的「穆旦詩學」，是指穆旦對詩的追求與理想。為此，我們以穆旦的書評、信件、譯序為主，以其詩歌作品為輔，參考其他學者的評論，全面而深入地挖掘穆旦詩學的內涵。在「理論篇」裡，我們「尋章摘句」地徵引穆旦原話，把他分散而零亂的詩學見解重新組合，得出真正屬於穆旦的詩學面貌；在「創作篇」裡，我們統計、羅列了大量穆旦詩中的「慣用語」及「悖論修辭法」的例子，以事實印證、補充穆旦詩學的內容。

　　總括「理論篇」及「創作篇」的內容，我們對穆旦詩學有以下的結論：

　　第一，穆旦創立了一種以「破舊立新」為指導思想的「新的抒情」詩學。其具體內容就是：

1、他要求詩歌要緊貼時代的脈搏，注重思想和情感，但內容卻要是讓人「驚異」、「大吃一驚」的，顯得「尖銳」的，因而要求詩人去發掘「深一層的內容」以達到「發現的驚異」；總之，就是一種「特殊的、新鮮的、複雜的現實及其思想感情」。

2、他堅持詩歌創作的藝術性、形象性，要求詩歌語言是現代的形象、清晰明白的意象，而且是「新鮮而刺人」的，能達到「奇特化」的效果。

3、他反對空洞的口號、濫情的感傷，將西方現代主義與浪漫主義理論兼收並蓄而提出「新的抒情」：一方面借鑑西方現代主義手法去構思詩行，以達到一種「機智」、內斂的抒情效果；另一方面學習浪漫主義詩人熱情昂揚的詩風，以抒發時代的最強音。

第二，穆旦詩學是他詩歌實踐的總結。這體現在他的慣用語既能緊貼時代脈搏，表現社會的現實真相，又能給人以「發現的驚異」，尖銳的感覺；以及他通過詩中大量採用悖論修辭法，創造出一種既有奇特、新鮮而刺人的詩句，又能表達複雜的思想和感情的形式。

第三，穆旦詩學是結合時代需求的藝術創新，是中國現代主義詩歌「現代化」進程中出現的一個嶄新境界。他堅決拒絕中國舊詩中的陳腔濫調，極力引進西方浪漫主義及現代主義，有選擇地吸收兩者的精華，兼收並蓄地創造出既注重玄學思辯，又飽含時代激情的詩風，其動人魅力至今不減。

穆旦詩學研究是個全新的領域，本文僅是開了個頭，其後尚有許多值得探討的問題。比如，穆旦的世界觀是怎樣的呢？這種世界觀跟整個廿世紀中國知識份子有何異同呢？其哲學意義何在呢？穆旦的愛情觀又怎樣呢？穆旦跟九葉派其他詩人又有何差異呢？諸如此類，還需學者們再深入。

參考文獻

穆旦著作（個人）

1. 《探險隊》　昆明文聚社　1945 年
2. 《穆旦詩集》(1939-1945)〉瀋陽(自費印刷)　1947 年
3. 《旗》　上海文化生活出版社　1948 年
4. 《穆旦詩選》　杜運燮編　人民文學出版社　1986 年
5. 《穆旦詩全集》　李方編　中國文學出版社　1996 年
6. 《蛇的誘惑》　曹元勇編　珠海出版社　1997 年
7. 《穆旦詩集》(1939—1945)〉　人民文學出版社　2000 年
8. 《穆旦代表作》　中國現代文學館編　華夏出版社　1999 年

穆旦著作（合集）

1. 《九葉集》　江蘇人民出版社　1981 年
2. 《八葉集》　香港三聯書店、美國《秋水〉雜誌社聯合出版　1984 年
3. 《九葉派詩選》　人民文學出版社　1992 年
4. 《九葉之樹長青——「九葉詩人」作品選》　王聖思選編　華東師範大學出版社　1994 年
5. 《西南聯大現代詩鈔》　杜運燮、張同道編選　中國文學出版社出版　1997 年
6. 《九葉集》　作家出版社　2000 年

論　文

1. 「T.S.艾略特專欄」，載《外國文學研究》，1996 年第 2 期

2. 毛迅：《論九葉詩派的現代主義背景》，載《中國現代文學研究》，1991 年第 4 期

3. 王毅：《細讀穆旦〈詩八首〉》，載《名作欣賞》，1998 年第 2 期

4. 王毅：《圍困與突圍：關於穆旦詩歌的文化闡釋》，載《文藝研究》1998 年第 3 期

5. 朱徽：《T.S.艾略特與中國》，載《外國文學評論》，1997 年第 1 期

6. 余世存：《回到我們中間的詩人——穆旦》，載《東方》1996 年第 6 期

7. 余崢：《社會綜合的立體探照——九葉詩派與三十年代英國"粉紅色"詩群》，載《江海學刊》，1995 年 3 期

8. 吳兆朋：《永遠的九葉——九詩詩人與現代詩派》，載台灣《國文天地》，1991 年總第 73 期。

9. 吳凌：《穆旦·波特萊爾比並零談：〈控訴〉與〈大敵〉、〈自懲者〉之比較觀》，載《貴陽師專學報·社科版》，1994 年第 1 期

10. 吳曉東：《荒街上的沉思者：析穆旦的〈裂紋〉》，載《中國現代文學研究叢刊》，1989 年第 1 期

11. 呂正惠：《不朽的風旗——中國現代主義詩歌的貢獻與成就》，載台灣《國文天地》，1991 年第 7 卷第 1 期

12. 李方：《抹去詩與生命之界：詩人穆旦由來的再審視》，載

《天府新論》，1997 年第 5 期

13. 李方：《穆旦早期佚詩二首及其筆名考》，載《東嶽論叢》，1995 年第 6 期

14. 李方：《穆旦與現代愛情詩》，載《東北師大學報（哲社版）》，1998 年第 4 期

15. 李方：《解讀穆旦詩中的「自己」》，載《詩探索〉1996 年第 4 期

16. 李怡：《論穆旦與中國新詩的現代特徵》，載《文學評論》，1997 年第 5 期

17. 李怡：《穆旦研究評述》，載《詩探索〉1996 年第 4 期

18. 李奭學：《烽火行——中國抗日戰爭裡的奧登與依修伍德》，，載台灣《聯合文學》，1993 年 7 月，第 105 期

19. 林真：《曾使我激動和哭泣——讀穆旦的詩集》，載香港《文匯報〉，1983 年 4 月 25 日

20. 林真：《穆旦詩作的特色》（上、下），載香港《文匯報》，1983 年 4 月 26、28 日

21. 唐祈：《詩歌回憶片斷》，載《飛天〉，1984 年 8 月號

22. 孫玉石：《解讀穆旦的〈 詩八首〉》，載《詩探索》，1996 年第 4 期

23. 張同道：《中國現代詩與西南聯大詩人群》，載《中國社會科學》，1994 年第 6 期

24. 張同道：《帶電的肉體與搏鬥的靈魂》，載《詩探索》，1996 年第 4 期

25. 莫渝：《現代譯詩名家(三)——查良錚(穆旦) 》，載台灣《東

方雜詩》復刊第廿三卷第六期

26. 陳旭光：《嚴肅時代的自覺——論四十年代現代主義詩潮對
　　象徵主義的反思和超越》，載《文學評論》，1998 年第 5 期

27. 陳德錦：《在溫暖的黑暗中體驗愛情——讀穆旦〈詩八
　　首〉》，載台灣《藍星詩刊》，1992 年第 7 期

28. 游友基：《距離審美與深度模式——九葉詩派流派特徵
　　論》，載《江海學刊》，1997 年第 6 期

29. 楊斌華：《簡論四十年代「九葉」詩派創作》，載《復旦學
　　報(社科版)》，1987 年第 2 期

30. 葉維廉：《有效的歷史意識與中國現代文學》，載台灣《國
　　文天地》，1992 年總第 81 期。

31. 葉維廉：《被迫承受文化的錯位——中國現代文化、文學、
　　詩生變的思索》，載台灣《創世紀》詩刊，1994 年總第 100
　　期。

32. 鄒水旺：《從初期象徵詩派到「九葉」詩派》，載《江西師
　　範大學學報》，1997 年第 3 期

33. 臧棣：《袁可嘉：40 年代中國詩歌批評的一次現代主義總
　　結〉，載《文藝理論研究》，1997 年第 4 期

34. 趙尋：《論批判性個人化與穆旦對當下詩歌的意義》，載《詩
　　探索》，2000 年第 1-2 期

35. 劉強：《中國式的現代派藝術——對九葉詩派及其創作的研
　　究》，載台灣《創世紀》詩刊，2000 年總第 122 期。

36. 樊帆：《憶穆旦晚年二三事》，載《新港》，1981 年第 12
　　期

37. 錢理群：《一九四八年：詩人的分化》，載《文藝理論研究》，1996 年第 4 期

38. 龍泉明：《七月詩派與九葉詩人：在歷史與未來的交匯點上》，載《文學評論》，1988 年第 1 期

39. 謝泳：《西南聯大與汪曾祺、穆旦的文學道路》，載《文藝爭鳴》，1997 年第 4 期

40. 羅振亞：《嚴肅而痛苦的探索——評四十年代的「九葉」詩派》，載《中國現代文學研究叢刊》，1990 年第 1 期

41. 顧國柱：《論穆旦與西方現代派詩》，載《山東師大學報‧社科版》，1992 年第 6 期

專　著

1. [美]弗萊德里克‧R‧卡爾：《現代與現代主義》，傅景川、陳永國譯，吉林教育出版社，1995 年

2. [英]T.S.艾略特：《艾略特文學論文集》，李賦寧譯注，百花洲文藝出版社，1994 年

3. [英]T.S.艾略特：《詩的效用與詩的批評》，杜國清譯，台灣純文學出版社，1976 年三版

4. [英]T.S.艾略特：《艾略特詩學文集》，王恩衷編譯，國際文化出版社，1989 年

5. [英]特里‧伊格爾頓：《當代西方文學理論》，王逢振譯，中國社會科學出版社，1988 年

6. [英]馬‧布雷德伯里、詹‧麥克法蘭編：《現代主義》，胡家巒等譯，上海外語教育出版社，1992 年

7. 中國出版工作者協會書籍裝幀藝術委員會編：《藝術之

子——曹辛之——曹辛之(杭約赫)紀念文集》，天津教育出版社出版，1998 年

8. 方珊：《形式主義文論》，山東教育出版社，1999 年

9. 王先霈、王又平主編：《文學批評術語詞典》，上海文藝出版社，1999 年

10. 王佐良、何其莘：《英國文藝復興時期文學史》，外語教學與研究出版社，1995 年

11. 王佐良、周玨良主編：《英國二十世紀文學史》，外語教學與研究出版社，1994 年

12. 王佐良：《英國文學史》，商務印書館，1996 年

13. 王佐良：《英國詩史》，譯林出版社，1993 年

14. 王佐良：《英詩的境界》，北京三聯書店，1991 年

15. 王佐良：《語言之間的恩怨》，劉洪濤、謝江南選編，天津人民出版社，1998 年

16. 王佐良：《論契合——比較文學研究集》，外語教學與研究出版社，1985 年

17. 王佐良：《翻譯：思考與試筆》，外語教學與研究出版社，1989 年

18. 王偉明：《詩人詩事》，(香港)詩雙月刊出版社，1999 年

19. 王聖思選編：《「九葉詩人」評論資料選》，華東師範大學出版社，1996 年

20. 司馬長風：《中國新文學史》(上、下)，劉紹唐校訂，台灣傳記文學出版社，1990 年 12 月新版

21. 艾青：《詩論》(修訂本)，人民文學出版社，1995 年 12 月

第 2 版

22. 呂正惠：《文學經典與文化認同》，九歌出版社，1995 年

23. 李達三、羅鋼主編：《中外比較文學的里程碑》，人民文學出版社，1997 年

24. 李維屏：《英美現代主義文學概觀〉，上海外語教育出版社，1998 年

25. 李歐梵：《中西文學的徊想》，三聯書店香港分店，1986 年

26. 杜運燮等編：《一個民族已經起來》，江蘇人民出版社，1987 年

27. 杜運燮等編：《豐富和豐富的痛苦》，北京師範大學出版社，1997 年

28. 周式中等主編：《世界詩學百科全書》，陝西人民出版社，1999 年

29. 周玨良：《周玨良文集》，外語教學與研究出版社，1994 年

30. 周發祥：《西方文論與中國文學》，江蘇教育出版社，1997 年

31. 金絲燕：《文學接受與文化過濾——中國對法國象徵主義詩歌的接受》，中國人民大學出版社，1994 年

32. 姚丹：《西南聯大歷史情境中的文學活動〉，廣西師範大學出版社，2000 年

33. 范家材編著：《英語修辭賞析》，上海交通大學出版社，1992 年

34. 唐正序、陳厚誠主編：《20 世紀中國文學與西方現代主義思潮》，四川人民出版社，1992 年

35. 唐湜：《一葉詩談》，廣西教育出版社，2000 年

36. 唐湜：《新意度集》，北京三聯書店，1989 年

37. 唐湜：《翠羽集》，山東友誼出版社，1998 年

38. 唐曉渡：《中外現代詩名篇細讀》，重慶出版社，1998 年

39. 孫玉石：《中國初期象徵派詩歌研究》，北京大學出版社，1983 年

40. 孫玉石：《中國現代主義詩潮史論》，北京大學出版社，1999 年

41. 孫玉石：《中國現代詩歌藝術》，人民文學出版社，1992 年

42. 孫玉石：《生命之路》，北京大學出版社，1997 年

43. 袁可嘉：《半個世紀的腳印——袁可嘉詩文選〉，人民文學出版社，1994 年

44. 袁可嘉：《現代派論·英美詩論〉，中國社會科學出版社，1985 年

45. 袁可嘉：《歐美現代派文學概論》，上海文藝出版社，1993 年

46. 袁可嘉等編選：《現代主義文學研究》(上、下冊)，中國社會科學出版社，1989 年

47. 涂紀亮：《現代西方語言哲學比較研究》，中國社會科學出版社，1996 年

48. 張同道、戴定南主編：《二十世紀中國文學大師文庫·詩歌卷》(上、下)，海南出版社，1994 年

49. 張同道：《探險的風旗——論 20 世紀中國現代主義詩潮》，安徽教育出版社，1998 年

50. 張曼儀、黃繼持等合編：《現代中國詩選(一九一七～一九四九)》(上、下)，香港大學出版社、香港中文大學出版部聯合出版，1974年。

51. 張德厚等：《中國現代詩歌史論》，吉林教育出版社，1995年

52. 梁秉鈞：《梁秉鈞卷》，集思編，三聯書店(香港)有限公司，1989年

53. 郭小聰：《在新世紀的門檻上——中國現代詩人新論》，北京大學出版社，1997年

54. 陳壽立編：《中國現代文學運動史料摘編〉(上冊)，北京出版社，1985年

55. 陳德錦：《文學散步》，香港青年作者協會，1993年。

56. 游友基：《九葉詩派研究》，福建教育出版社，1997年

57. 湯哲聲：《中國文學現代化的轉型》，南京大學出版社，1995年

58. 費勇：《洛夫與中國現代詩》，東大圖書公司，1994年

59. 黃俊東：《克亮書話〉，陳子善編，陝西師範大學出版社，1998年

60. 黃燦然：《必要的角度》，(香港)素葉出版社，1999年

61. 葉維廉：《中國詩學》，北京三聯書店，1992年

62. 葉維廉：《比較詩學》，東大圖書公司，1988年6月再版

63. 葉維廉：《秩序的生長》，志文出版社，1975年三版

64. 葉維廉：《解讀現代‧後現代——生活空間與空間的思索》，東大圖書公司，1992年

65. 葉維廉：《歷史、傳釋與美學》，東大圖書公司，1988 年

66. 趙毅衡編：《俄蘇形式主義文論選》，中國社會科學出版社，1989 年

67. 劉增杰：《戰火中的繆斯》，河南大學出版社，1992 年

68. 鄭敏：《結構—解構視角：語言・文化・評論》，清華大學出版社，1998 年

69. 鄭敏：《詩歌與哲學是近鄰——結構—解構詩論》，北京大學出版社，1999 年

70. 錢理群、溫儒敏、吳福輝合著：《中國現代文學三十年》(修訂本)，北京大學出版社，1998 年

71. 錢理群：《豐富的痛苦——"堂吉訶德"與"哈姆雷特"的東移》，時代文藝出版社，1993 年

72. 謝冕：《新世紀的太陽——二十世紀中國詩潮》，時代文藝出版社，1993 年

73. 藍棣之：《正統的與異端的》，浙江文藝出版社，1988 年

網　址

「穆旦：新詩的終點」：http://mudan.myrice.com/first.htm

「穆旦：新詩的終點」留言板：

　　　http://abc.yesite.com/cgi-bin/abc.cgi?owner=mudan

「新詩通訊站」：

http://www.ilc.cuhk.edu.hk/chinese/poetry032800.html

附錄一　痛苦

○熱情的擁抱！讓我歌唱，
讓我扣著你們的節奏舞蹈，
當人們痛苦，死難，睡進你們的
胸懷，
搖曳，搖曳，化入無窮的年代，
他們的精靈，○你們堅貞的愛！
　　　　　──〈合唱二章〉

那個僵屍在痛苦的動轉，
他輕輕地起來燒著爐丹，
在古代的森林漆黑的夜裏
　　　　　──〈防空洞裡的抒情詩〉

這又是一個人，
他的家燒了，痛苦地喊，
戰爭，戰爭
　　　　　──〈從空虛到充實〉

燈下，有誰聽見在周身起伏的
那痛苦的，人世的喧聲？
　　　　　──〈童　年〉

那時候我就會離開了亞當後代
的宿命地，
貧窮，卑賤，粗野，無窮的勞役
和痛苦……
　　　　　──〈蛇的誘惑〉

喲，痛苦的黎明！讓我們起來，
讓我們走過
濃密的桐樹，馬尾松，豐富的丘
陵地帶，
歡呼著又沉默著，奔跑在河水兩旁。
　　　　　──〈出發〉

春花秋月何時了
郊外墓草又一新
昔日前來痛苦者
已隨輕風化灰塵
　　　　　──〈五月〉

那是母親的痛苦？那裏

母親的悲哀？──春天？
在受孕的時期，
看進沒有痛苦的悲哀，那沉默，
雖然孩子的隊伍站在清晨的廣場，
有節拍的歌唱

因為在史前，我們得不到永恒，
我們的痛苦永遠地飛揚，
而我們的快樂
在她的母腹裏，是繼續著……
　　　　──〈中國在哪裡〉

全世的繁華
不為我而生，當受苦，失敗，
隨我到每一個地方，張開口，
我的吞沒是它的滿足，滲合著
使我痛苦的冷笑。
　　　　──〈神魔之爭〉

而有些走在無家的土地上，
跋涉著經驗，失迷的靈魂
再不能安於一個角度
的溫暖，懷鄉的痛苦枉然

但不能斷定它就是未來的神，
這痛苦了我們整日，整夜，
零星的知識已使我們不再信任
血裏的愛情
　　　　──〈控訴〉

我踟躕著為了多年恥辱的歷史
仍在這廣大的山河中等待，
等待著，我們無言的痛苦是太多了，
然而一個民族已經起來
　　　　──〈讚美〉

而你的報酬是無盡的日子
在痛苦的洗刷裏
在永遠不反悔裏永遠地迴圈。
　　　　──〈洗衣婦〉

呵，光，影，聲，色，都已經赤裸，
痛苦著，等待伸入新的組合。
　　　　──〈園〉

他底痛苦是不斷的尋求
你底秩序，求得了又必須背離
　　　　──〈詩八首〉

而我們是皈依的，
你給我們豐富，和豐富的痛苦
　　　　──〈出發〉

每一清早這安靜的街市
不知道痛苦它就要來臨
　　　　──〈裂紋〉

那無神的眼！那陷落的兩肩！
痛苦的頭腦現在已經安分！

那就要燃盡的蠟燭的火焰！
　　　——〈線上〉

當華燈初上，我黑色的生命和主
結合。

是更劇烈的騷擾，更深的
痛苦。
　　　——〈憶〉

他承認失敗是因爲不肯放棄：
痛苦已經夠了，屈辱已經夠了，
歷史再不容錯誤，
他是指揮被壓迫的心，向無形而
普在的物質征服。
　　　——〈甘地〉

我們最需要的，他們已經流血而
去，
把未完成的痛苦留給他們的子
孫。
　　　——〈先導〉

我們希望我們能有一個希望，
然後再受辱，痛苦，掙扎，死亡，
因爲在我們明亮的血裏奔流著
勇敢，
可是在勇敢的中心：茫然。
　　　——〈時感四首〉

爲了爭取昨天，痛苦已經付出去了，
　　　——〈饑餓的中國〉

少女讓美的形象流過去，統治者
讓陰謀和殘酷流過去，反抗者讓
新生的痛苦流過去，
大多數人讓無知的罪惡流過去
　　　——〈隱現〉

迎接新的世紀來臨！痛苦
而危險地，必須一再地選擇死亡
和蛻變，
一條條求生的源流，尋覓著自己
向大海歡聚！
　　　——〈詩四首〉

爲理想而痛苦並不可怕，
可怕的是看它終於成笑談。

只有痛苦還在，它是日常生活
每天在懲罰自己過去的傲慢
　　　——〈智慧之歌〉

多少人的痛苦都隨身而沒，
從未開花、結實、變爲詩歌。

又何必追求破紙上的永生，
沉默是痛苦的至高的見證。
　　　——〈詩〉

苦痛

如果人生比你的
理想更爲嚴重，
苦痛是應該
　　　　──〈前夕〉

○飛奔呵，旋轉的星球，
叫光明流洗你苦痛的心胸，
叫遠古在你的輪下片片飛揚
　　　　──〈合唱二章〉

在你的隔離的世界裏，
別讓任何敏銳的感覺
使你迷惑，使你苦痛。
　　　　──〈搖籃歌〉

偉大的導師們，不死的苦痛，
你們的灰塵安息了，你們的時代
卻複生
　　　　──〈先導〉

設想這火熱的熔岩的苦痛
伏在灰塵下變得冷而又冷……
　　　　──〈詩〉

痛楚

古牆施出了頑固的抵抗，
暴風沖過它的殘闕！

蒼老的腰身痛楚地傾斜，
它的頸項用力伸直，瞭望著夕陽。
　　　　──〈古牆〉

它抖身，它站立，它躍起，
風在鞭撻它痛楚的喘息。
　　　　──〈野獸〉

經過無數"是的是的"無數的
痛楚的微笑，微笑裏的陰謀，
一個廿世紀的哥倫布，走向他
探尋的墓地
　　　　──〈蛇的誘惑〉

無盡的陰謀；生産的痛楚是你們的，
是你們教了我魯迅的雜文。
　　　　──〈五月〉

經過醉飲的愛人在樹林底邊緣，
他們只相會於較高的自己，
在該幻滅的地方痛楚地分離
　　　　──〈春底降臨〉

那刻骨的饑餓，那山洪的衝擊，
那毒蟲的齧咬和痛楚的夜晚，
你們受不了要向人講述，
如今卻是欣欣的樹木把一切遺忘。
　　　　──〈森林之魅〉

附錄二　絕望、希望

它張開像一個新的國家，
要從絕望的心裏拔出花，拔出草
　　　　——〈從空虛到充實〉

雖然我還沒有為饑寒，殘酷，絕
望，鞭打出過信仰來
　　　　——〈玫瑰之歌〉

殘酷的春天使它們伸展又伸展，
用了碧潔的泉水和崇高的陽光，
挽來絕望的彩色和無助的夭亡。
　　　　——〈在曠野上〉

我們終於離開了漁網似的城市，
那以窒息的、乾燥的、空虛的格
子
不斷地撈我們到絕望去的城市
呵！
　　　　——〈原野上走路〉

幻化的形象，是更深的絕望，
永遠是自己，鎖在荒野裏，

仇恨著母親給分出了夢境。
　　　　——〈還原作用〉

勃朗甯，毛瑟，三號手提式，
或是爆進人肉去的左輪，
它們能給我絕望後的快樂
　　　　——〈五月〉

雖然我已知道了學校的殘酷
在無數的絕望以後，別讓我
把那些課程在你的壇下懺悔，

雖然不斷的暗笑在周身傳開，
而恩賜我的人絕望的歎息，
不不，當可能還在不可能的時
候，
我僅存的血正惡毒地澎湃。
　　　　——〈我向自己說〉

當刀山，沸油，絕望，壓出來
我終日終年的歎息，還有什麼
我能期望的？

　　——〈神魔之爭〉

這裏它歇下來了，在長長的
絕望的歎息以後，
重又著綠，舒緩，生長。
　　——〈小鎮一日〉

我要回去，回到我已失迷的故
鄉，
趁這次絕望給我引路，在泥淖
裏，
摸索那爲時間遺落的一塊精美
的寶藏
　　——〈阻滯的路〉

這裏的恩惠是彼此的恐懼，
而溫暖他的是自動的流亡，
那使他自由的只有忍耐的微笑，
秘密地回轉，秘密的絕望。
　　——〈幻想底乘客〉

一個圈，多少年的人工，
我們的絕望將使它完整。
　　——〈被圍者〉

它的要求溫柔而邪惡，它散佈
疾病和絕望，和憩靜，要我依
從。
　　——〈森林之魅〉

因爲我們看見那麼多死去人的
眼睛
在我們的絕望裏閃著淚的火焰。
　　——〈時感四首〉

在街頭的一隅，一個孩子勇敢的
向路人求乞，而另一個倒下了，
在他的弱小的，絕望的身上，
縮短了你的，我的未來。
　　——〈饑餓的中國〉

自私的欲望不得不增長，
你終於是滿意還是絕望，
誇張的色情到處在表演，
使你年青的心更加不平衡。
　　——〈美國怎樣教育下一代〉

沒有理想的人像是草木，
在春天生髮，到秋日枯黃，
對於生活它做不出總結，
面對絕望它提不出希望。
　　——〈理想〉

我曾經爲唾棄地獄而贏得光榮，
而今掙脫天堂卻要受到詛咒；
我是否害怕詛咒而不敢求生？
我可要爲天堂的絕望所拘留？
　　心呵，你竟要浪迹何方？

——〈問〉

希望

希望像一團熱火，
儘量地燒
個不停。
　　　　——〈前夕〉

這時候天上亮著晚霞，
黯淡，紫紅，是垂死人臉上
最後的希望
　　　　——〈蛇的誘惑〉

你帶我在你的梳妝室裏旋轉，
告訴我這一樣是愛情，這一樣是
希望，這一樣是悲傷
　　　　——〈玫瑰之歌〉

每秒鐘嘲笑我，每秒過去了，
那不可挽救的死和不可觸及的
希望
　　　　——〈悲觀論者的畫像〉

Ｏ！我們不能抗拒
那曾在無數代祖先心中燃燒著
的希望。

這不可測知的希望是多麼固執

而悠久，
中國的道路又是多麼自由和遼
遠呵……
　　　　——〈原野上走路〉

希望，繫住我們。希望
在沒有希望，沒有懷疑
的力量裏
　　　　——〈中國在哪裡〉

Ｏ回來吧，希望！你的遼闊
已給我們罩下更濃的幽暗
　　　　——〈神魔之爭〉

Ｏ愛情，Ｏ希望，Ｏ勇敢，
你使我們拾起又唾棄，
唾棄了，我們自己受了傷！
　　　　——〈哀悼〉

多少朝代在他的身邊升起又降
落了
而把希望和失望壓在他身上，
而他永遠無言地跟在犁後旋轉
　　　　——〈讚美〉

好的日子去了，可是接近未來，
給我們失望和希望，給我們死
　　　　——〈出發〉

這些是應付敵人的必需的勇敢，
保護你們的希望，實現你們的理
想；
　　　　　——〈阻滯的路〉

新生的希望被壓制，被扭轉，
等粉碎了他才能安全
　　　　　——〈裂紋〉

希望，幻滅，希望，再活下去
在無盡的波濤的淹沒中，
誰知道時間的沈重的呻吟就要
墜落在
於詛咒裏成形的
日光閃耀的岸沿上；
　　　　　——〈活下去〉

以三百里的速度增加著希望
　　　　　——〈反攻基地〉

00000000 是我們的財富和希
望，我們希望我們能有一個希
望，
然後再受辱，痛苦，掙扎，死亡，
因爲在我們明亮的血裏奔流著
勇敢，
可是在勇敢的中心：茫然。

我們希望我們能有一個希望，

它說：我並不美麗，但我不再欺
騙，
因爲我們看見那麼多死去人的
眼睛
在我們的絕望裏閃著淚的火焰。

還要在無名的黑暗裏開闢新點，
而在這起點裏卻積壓著多年的
恥辱：
冷刺著死人的骨頭，就要毀滅我
們的一生，
我們只希望有一個希望當作報
復。
　　　　　——〈時感四首〉

也曾是血肉的豐富和希望，它們
張著
空洞的眼，向著原野和城市的來
客
留下決定。
　　　　　——〈荒村〉

他們鼓脹的肚皮充滿嫌棄，
一如大地充滿希望，卻沒有人來
承繼。

爲了爭取昨天，痛苦已經付出去
了，
希望的手握在一起，志士的血

快樂的溢出：昨天把敵人擊倒，
今天是果實誰都沒有嘗到。
　　　　——〈饑餓的中國〉

感謝什麼？搶吃了一年好口糧；
感謝什麼？希望再作一年好生
意；
明搶暗奪全要向上帝謝恩，
無恥地，快樂的一家坐下吃火
雞。
　　　　——〈感恩節——可恥的債〉

"哦，埋葬，埋葬，埋葬！"
"希望" 在對我呼喊：

但 "回憶" 拉住我的手，
她是 "希望" 底仇敵；

"哦，埋葬，埋葬，埋葬！"
"希望" 又對我呼號：

"哦，埋葬，埋葬，埋葬！"
"希望" 又對我規勸：
"但這回，我卻害怕：
"希望" 是不是騙我？
　　　　——〈葬歌〉

我的歡欣總想落一滴淚，
但淚沒落出，就碰到希望。

　　　　——〈我的叔父死了〉

沒有理想的人像是草木，
在春天生髮，到秋日枯黃，
對於生活它做不出總結，
面對絕望它提不出希望。
　　　　——〈理想〉

燦爛的希望和無垠的天空
都已變成今天冷淡的言語，
使記憶的畫面也遭霜凍。
　　　　——〈老年的夢囈〉

不幸的是：我們活到了睜開眼
睛，
卻看見收穫的希望竟如此卑微：
　　心呵，你可要唾棄地獄？
　　　　——〈問〉

附錄三　夜、黑暗

沉夜，擺出一條漆黑的街
振出老人的工作聲音更爲洪響。
從街頭處吹過一陣嚴肅的夜風
卷起沙土。
　　　──〈一個老木匠〉

更聲彷彿帶來了夜的嚴肅，
寂寞籠罩在牆上凝靜著的影子，
默然對著面前的一本書，疲倦了
樹，也許正在凜風中瑟縮，

夜，不知在什麼時候現出了死靜，
風沙在院子裏捲起來了；

夜，不知在什麼時候現出了死靜，
風沙在院子裏卷起來了；
腦中模糊地映過一片陰暗的往事，
遠處，有淒惻而尖銳的叫賣聲。
　　　──〈冬夜〉

冬夜的街頭失去了喧鬧的

飄向溫暖的睡鄉，在迷茫裏
警起旅人午夜的彷徨；

把天邊的黑夜拋在身後，
一雙腳步又走向幽暗的三更天，
期望日出如同期望無盡的路，
雞鳴時他才能找尋著夢。
　　　──〈更夫〉

黑夜裏叫出了野性的呼喊，
是誰，誰嚙咬它受了創傷？
　　　──〈野獸〉

當夜神撲打古國的魂靈，
靜靜地，原野沉視著黑空，
　　　──〈合唱二章〉

他輕輕地起來燒著爐丹，
在古代的森林漆黑的夜裏，
　　　──〈神魔之爭〉

秋晚燈下，我翻閱一頁歷史……

窗外是今夜的月，今夜的人間，
一條薔薇花路伸向無盡遠

燈下，有誰聽見在周身起伏的
那痛苦的，人世的喧聲？
被衝擊在今夜的隅落裏，而我
望著等待我的薔薇花路，沉默。
　　　——〈童年〉

夜晚是狂歡的季節，
帶一陣疲乏，穿過污穢的小巷，
細長的小巷像是一支洞簫，
當黑暗伏在巷口，緩緩吹完了
它的曲子：家家門前關著死寂。

我要盼望黑夜，朝電燈光上撲。
　　　——〈蛇的誘惑〉

我是一個老人。我默默地守著
這迷漫一切的，昏亂的黑夜。

我默默地躺在床上。黑夜
搖我的心使我不能入夢，

爲了想念和期待，我咽進這黑夜裏
不斷的血絲……
　　　——〈漫漫長夜〉

成熟的葵花朝著太陽移轉，

太陽走去時他還有感情，
在被遺留的地方忽然是黑夜
　　　——智慧的來臨

但是在黑夜，你只好搖頭，
當太陽照耀著，我們能。
　　　——〈神魔之爭〉

風暴，遠路，寂寞的夜晚，
丟失，記憶，永續的時間，
所有科學不能祛除的恐懼
　　　——〈詩八首〉

當無翼而來的夜露凝重——
　　　——〈贈別〉

那比勞作高貴的女人的裙角，
還靜靜地擁有昨夜的世界
　　　——〈裂紋〉

而他已經鞭擊，
而那無聲的黑影已在蘇醒和等待
午夜裏的犧牲。

孩子們呀，請看黑夜中的我們正
怎樣孕育
難產的聖潔的感情。
　　　——〈活下去〉

一朵白色的花，張開，在黑夜的
和生命一樣剛強的侵襲裏，
主呵，這一剎那間，吸取我的傷
感和讚美。
　　　　——〈憶〉

是大家的心，可是比大家聰明，
帶著清晨來，隨黑夜而受苦，
你最會說出自由的歡欣。
　　　　——〈旗〉

是什麼聲音呼喚？有什麼東西
忽然躲避我？在綠葉後面
它露出眼睛，向我注視，我移動
它輕輕跟隨。黑夜帶來它嫉妒的
沉默
貼近我全身。

那刻骨的饑餓，那山洪的衝擊，
那毒蟲的齧咬和痛楚的夜晚，
你們受不了要向人講述，
如今卻是欣欣的樹木把一切遺
忘。
　　　　——〈森林之魅〉

一萬隻粗壯的手舉起來
可以謀害一雙孤零的眼睛，
既然眼睛旋起像黑夜的霧，
我們從哪里走進這個國度？

　　　　——〈手〉

從一本畫像從夜晚的星空
他們摘下一個字，而要重新

排列世界用一串原始
的字句的切割
　　　　——〈詩四首〉

你的任性曾使我多麼難過；
唉，多少午夜我躺在床上，
　輾轉不眠，只要對你講和。
　　　　——〈葬歌〉

誰知道你在哪兒
躲避昨夜的風雨？
　　　　——〈蒼蠅〉

你看窗外的夜空
黑暗而且寒冷
　　　　——〈理智和感情〉

它只唱著超時間的冷漠的歌，
從早晨的匆忙，到午夜的寂寥，
一年又一年，使人生底過客
感到自己的心比街心更老。
　　　　——〈城市的街心〉

但他失掉的不過是一個王冠，

午夜不眠時他確曾感到憂鬱：
　不知那是否確是我自己。
　　　　——〈自己〉

撚開電燈，工作照常進行。
我們還以爲從此驅走夜，
暗暗感謝我們的文明。
　　　　——〈停電之後〉

這是一些暗黃的戲單，
她度過的激動的夜晚。
　　　　——〈老年的夢囈〉

清晨在桌上冒熱氣的麵包
驅走了夜的懷疑之陰影

我們無需以貧困或饑餓的眼睛
去注視誰的鬆軟的大麵包，
並夜夜忍住自己的情緒，像呻吟
　　　　——〈麵包〉

我愛在雪花飄飛的不眠之夜，
把已死去或尚存的親人珍念
　　　　——〈冬〉

暗（黑暗、幽暗、陰暗）

黑暗，寂靜，
這是一切；

　　　　——〈夏夜〉

不要想，
黑暗中會有什麼平坦，
什麼融合；腳下荊棘
紮得你還不夠痛？
　　　　——〈前夕〉

晚霞在紫色裏無聲地死亡，
黑暗擊殺了最後的光輝，
　　　　——〈古牆〉

在黑暗中，隨著一聲淒厲的號叫，
它是以如星的銳利的眼睛，
射出那可怕的復仇的光芒。
　　　　——〈野獸〉

呵，我覺得自己在兩條鞭子的夾
擊中，
我將承受哪個？陰暗的生的命
題……
　　　　——〈蛇的誘惑〉

我醒了又睡著，睡著又醒了，
然而總是同一的，黑暗的浪潮，

我想著又想著，荒蕪的精力
折磨我，黑暗的浪潮拍打我，
蝕去了我的歡樂，

　　　──〈漫漫長夜〉

在以前，幽暗的佛殿裏充滿寂寞，
　　　──〈悲觀論者的畫像〉

我像是個幽暗的洞口，雖然傾圯了
天際之外，如果小河還是自在地
流著，
　　　──〈華參先生的疲倦〉

天庭的和諧
關我在外面，讓幽暗
向我諷笑，

O回來吧，希望！你的遼闊
已給我們罩下更濃的幽暗，
誠實的愛情也不要走遠，
它是危險的，給人以傷痛。
　　　──〈神魔之爭〉

然而黃昏
來了，吸淨了點和線，
當在城市和城市之間，
落下了廣大的，甜靜的黑暗。
　　　──〈小鎮一日〉

在路旁仍是那聚集著黑暗的茅屋，
　　　──〈贊美〉

一如月亮在荒涼的黑暗裏招手，
　　　──〈春底降臨〉

它要你瘋狂在溫暖的黑暗裏。

而那未成形的黑暗是可怕的，
那可能和不可能的使我們沉迷。

在我們黑暗的孤獨裏有一線微
光
這一線微光使我們留戀黑暗
這一線微光給我們幻象的騷擾
在黎明確定我們的虛無以前
　　　──〈祈神二章〉

他追求而跌進黑暗，
四壁是傳統，是有力的
白天，扶持一切它勝利的習慣。
　　　──〈裂紋〉

那一切把握不住而卻站在
我的中央的，沒有時間哭，沒有
時間笑的消失了，在幽暗裏，
在一無所有裏如今卻見你隱現。
　　　──〈憶〉

別了，那寂寞而陰暗的小屋，
別了，那都市的黴爛的生活，
看看我們，這樣的今天才是生！

——〈給戰士〉

這不過是我，設法朝你走近，
我要把你領過黑暗的門徑；
美麗的一切，由我無形的掌握，
全在這一邊，等你枯萎後來臨。

在陰暗的樹下，在急流的水邊，
逝去的六月和七月，在無人的山間
　　　　——〈森林之魅〉

還要在無名的黑暗裏開闢新點，
而在這起點裏卻積壓著多年的
恥辱
　　　　——〈時感四首〉

春曉的斜陽和廣大漠然的殘酷
投下的徵兆，當小小的叢聚的茅屋
像是幽暗的人生的盡途，呆立著。
　　　　——〈荒村〉

在過去和未來兩大黑暗間，以不
斷熄滅的
現在，舉起了泥土，思想和榮耀，
你和我，和這可憎的一切的分野。
　　　　——〈三十誕辰有感〉

當我把心的疲倦呈獻你，親愛的，
為什麼一切發光的領我來到絕

頂的黑暗，
坐在崩潰的峰頂讓我靜靜地哭泣。

在我們黑暗的孤獨裏有一線微光
這一線微光使我們留戀黑暗
這一線微光給我們幻象的騷擾
在黎明確定我們的虛無以前

我們是廿世紀的眾生騷動在它
的黑暗裏，
我們有機器和制度卻沒有文明

你把我打開像幽暗的甬道
直達死的面前：在虛偽的日子下面
解開那被一切糾纏著的生命的根
　　　　——〈隱現〉

一切事物使我們相信而又不能
相信，就要得到
而又不能得到，開始拋棄而又拋
棄不開，
但肉體使我們已經得到的，這裏。
這裏是黑暗的憩息。

我歌頌肉體，因為光明要從黑暗
裏出來：
你沉默而豐富的剎那，美的真
實，我的肉體。
　　　　——〈我歌頌肉體〉

我們一切的追求終於來到黑暗裏，
世界正閃爍，急躁，在一個謊
上，
而我們忠實沉沒，與原始合一
　　　——〈詩〉

就這樣，像隻鳥飛出長長的陰暗
甬道，
我飛出會見陽光和你們，親愛的
讀者
　　　——〈葬歌〉

平衡把我變成了一棵樹，
它的枝葉緩緩伸向春天，
從幽暗的根上升的汁液
在明亮的葉片不斷迴旋。
　　　——〈我的叔父死了〉

你看窗外的夜空

黑暗而且寒冷
　　　——〈理智和感情〉

可是突然，黑暗擊敗一切，
美好的世界從此消失滅蹤。
　　　——〈停電之後〉

啊，多少親切的音容笑貌，
已邁入無邊的黑暗與寒冷
　　　——〈老年的夢囈〉

我衝出黑暗，走上光明的長廊，
而不知長廊的盡頭仍是黑暗；
我曾詛咒黑暗，歌頌它的一線光，
但現在，黑暗卻受到光明的禮贊：
　　　心呵，你可要追求天堂？

多少追求者享受了至高的歡欣，
因爲他們播種於黑暗而看不見。
　　　——〈問〉

附錄四　寒冷等

黑暗，寂靜，
這是一切
　　　──〈夏夜〉

孤獨的，寂寞的
老人只是一個老人。
　　　──〈一個老木匠〉

寂寞籠罩在牆上凝靜著的影子
　　　──〈冬夜〉

流水吸著每一秒間的呼吸，波動
著，
寂靜──寂靜──
　　　──〈哀國難〉

懷著寂寞，像山野裏的幽靈，
他默默地從大街步進小巷
　　　──〈更夫〉

古牆寂靜地弓著殘老的腰，
馱著悠久的歲月望著前面。

一隻手臂蜿蜒到百里遠，
敗落地守著暮年的寂寥。
　　　──〈古牆〉

○！多少年來你豐潤的生命
永在寂靜的諧奏裏勃發。
　　　──〈我看〉

寂靜。他們像覺到了氧氣的缺
乏，
雖然地下是安全的。
　　　──〈防空洞裡的抒情詩〉

饑餓，寒冷，寂靜無聲，
廣漠如流沙，在你腳下……
　　　──〈從空虛到充實〉

枯寂的大地讓我把住你
在泛濫以前，因爲我曾是
你的靈魂，得到你的撫養
　　　──〈從空虛到充實〉

當黑暗伏在巷口，緩緩吹完了
它的曲子：家家門前關著死寂。

寂寞，
鎖住每個人。
　　　——〈蛇的誘惑〉

積久的美德只是爲了年幼人
那最寂寞的野獸一生的哭泣
　　　　　——〈在曠野上〉

在以前，幽暗的佛殿裏充滿寂寞，
銀白的香爐裏早就熄滅了火星
　　　　　——〈悲觀論者的畫像〉

在籬下有一枝新鮮的玫瑰。
爲我燃燒著，寂寞的哭泣
　　　　　——〈神魔之爭〉

風暴，遠路，寂寞的夜晚，
丟失，記憶，永續的時間
　　　　　——〈詩八首〉

海鷗寂寞的翱翔，它寬大的翅膀
從岩石升起，拍擊著，沒入碧空。
　　　　　——〈寄——〉

戰爭太給你寂寞，可是回想
那鋼鐵的伴侶曾給你歡樂

　　　　　——〈退伍〉

別了，那寂寞而陰暗的小屋，
別了，那都市的黴爛的生活，
看看我們，這樣的今天才是生！
　　　　　——〈給戰士〉

這世界充滿了生，卻不能動轉
擠在人和人的死寂之中，
看見金錢的閃亮，或者強權的自由
　　　　　——〈隱現〉

恒河的水呵，接受著一點點灰燼，
接受舉世暴亂中這寂滅的中心
　　　　　——〈甘地之死〉

那是愛情和夢想在荊棘中閃爍，
而妖女的歌已在山後沉寂。
　　　　　——〈妖女的歌〉

歷史打開了巨大的一頁，
　多少人在天安門寫下誓語，
我在那兒也舉起手來；
　洪水淹沒了孤寂的島嶼。
　　　　　——〈埋葬〉

它只唱著超時間的冷漠的歌，
從早晨的匆忙，到午夜的寂寥，
一年又一年，使人生底過客

感到自己的心比街心更老。
　　　　　──〈城市的街心〉

生活的四壁堆積著灰塵，
外面在叩門，裏面寂無音響。
　　　　　──〈理想〉

被圍困在花的夢和鳥的鼓噪中，
寂靜的石牆內今天有了回聲
回蕩著那暴亂的過去，只一剎那，
使我悒鬱地珍惜這生之進
攻……
　　　　　──〈春〉

受到書信和共感的細緻的雕塑，
擺在老年底窗口，不僅點綴寂寞，
而且象明鏡般反映窗外的世界，
使那粗糙的世界顯得如此柔和。
　　　　　──〈友誼〉

暫時放下自己的憂思，
我願意傾聽著淒涼的歌，
那是大地的寂寞的共鳴
把疲倦的心輕輕撫摸。
　　　　　──〈秋(斷章)〉

我愛在枯草的山坡，死寂的原野，
獨自憑吊已埋葬的火熱一年

盛夏的蟬鳴和蛙聲都沉寂，
大地一筆勾銷它笑鬧的蓬勃。
　　　　　──〈冬〉

寒冷

饑餓，寒冷，寂靜無聲，
廣漠如流沙，在你腳下……
　　　　　──〈從空虛到充實〉

黃昏，幽暗寒冷，一群站在海島
上的魯濱遜
失去了一切，又把茫然的眼睛望
著遠方
　　　　　──〈出發〉

在寒冷的臘月的夜裏，風掃著北
方的平原
　　　　　──〈在寒冷的臘月的夜裏〉

O，我有什麼！
在寒冷的山地，荒漠，和草原，
當東風耳語著樹葉
　　　　　──〈神魔之爭〉

冬天的寒冷聚集在這裏，朋友，
對於孩子一個憂傷的季節
　　　　　──〈控訴〉

一樣的是從這傾圮的屋檐下散
開的
無盡的呻吟和寒冷，
它歌唱在一片枯槁的樹頂上
　　　　　　——〈讚美〉

讓我們自己
就是它的殘缺，比平庸更壞：
閃電和雨，新的氣溫和泥土
才會來騷擾，也許更寒冷，
因為我們已是被圍的一群，
我們消失，乃有一片“無人地
帶”。
　　　　　　——〈被圍者〉

去年我們活在寒冷的一串零上，
今年在零零零零零的下面我們
籲喘
　　　　　　——〈時感四首〉

多麼快已踏過了清晨的無罪的
門檻，
那晶瑩寒冷的光線就快要冒
煙，燃燒，
當太潔白的死亡呼求到色彩裏
投生。
　　　　　　——〈三十誕辰有感〉

所有的炮灰堆起來

是今日的寒冷的善良，
所有的意義和榮耀堆起來
是我們今日無言的饑荒，
然而更為寒冷和饑荒的是那些
靈魂，
陷在毀滅下面，想要跳出這跳不
出的人群
　　　　　　——〈犧牲〉

你看窗外的夜空
黑暗而且寒冷
　　　　　　——〈理智與感情〉

從那裏我拾起一些寒冷的智慧，
衛護我的心又走上途程。

而我的老年也已築起寒冷的城，
把一切輕浮的歡樂關在城外。
　　　　　　——〈春〉

啊，多少親切的音容笑貌，
已邁入無邊的黑暗與寒冷
　　　　　　——〈老年的夢囈〉

寒冷，寒冷，儘量束縛了手腳，
潺潺的小河用冰封住了口舌

北風在電線上朝他們呼喚，
原野的道路還一望無際，

幾條暖和的身子走出屋，
又迎面撲進寒冷的空氣。
　　　　　──〈冬〉

倦

可老是
疲倦的兩隻腳運動著，
一步，一步……流浪人。
　　　　　──〈流浪人〉

女人的手泡了一整天，
腫的臂，昏的頭，帶著疲倦的身體，
摸黑回了家，便吐出一口長
氣……
　　　　　──〈兩個世界〉

寂寞籠罩在牆上凝靜著的影子，
默然對著面前的一本書，疲倦了
樹，也許正在凜風中瑟縮
　　　　　──〈冬 夜〉

他和家庭爭吵了兩三天，還帶著
潮水上浪花的激動，
疲倦地，走進咖啡店裏，
又舒適地靠在鬆軟的皮椅上。
　　　　　──〈從空虛到充實〉

另外一條鞭子在我們的身上揚起：
那是訴說不出的疲倦，靈魂的
哭泣
　　　　　──〈蛇的誘惑〉

一個青年人站在現實和夢的橋
梁上
我已經疲倦了，我要去尋找異方
的夢。

我長大在古詩詞的山水裏，我們
的太陽也是太古老了，
沒有氣流的激變，沒有山海的倒
轉，人在單調疲倦中死去。
　　　　　──〈玫瑰之歌〉

住在城市的人張開口，厭倦了，
他們去到天外的峰頂上覺得自由，
　　　　　──〈中國在哪裡〉

我們為了防止著疲倦，
這裏跪拜，那裏去尋找，
我們的心哭泣著，枉然。
　　　　　──〈哀悼〉

在她底心裏是一個懶散的世界：
因為日，夜，將要溶進菫色的光裏
永不停歇；而她底男女的仙子倦于

享受，和平底美德和適宜的歡欣。
　　　　　　──〈春底降臨〉

相同和相同溶爲怠倦，
在差別間又凝固著陌生；
　　　　　　──〈詩八首〉

○他給安排的歧路和錯雜！
爲了我們倦了以後渴求
原來的地方。
　　　　　　──〈祈神二章〉

呵，這一片繁華
雖然給年青的血液充滿野心，
在它的棟梁間卻吹著疲倦的冷
風！
　　　　　　──〈詩二章〉

多少人的青春在這裏迷醉，
然後走上熙攘的路程，
朦朧的是你的怠倦，雲光和水，
他們的自己失去了隨著就遺忘，
　　　　　　──〈贈　別〉

人民的世紀：多謝先知的你們，
但我們已倦於呼喊萬歲和萬歲；
　　　　　　──〈時感四首〉

我們一切的發明不過爲了──

但我們從沒有增加安適，也沒有
減少心傷。
我們和錯誤同在，可是我們厭倦
了，我們追念自然，
以色列之王所羅門曾經這樣說：
一切皆虛有，一切令人厭倦。

當我終於從戰爭歸來，
當我把心的疲倦呈獻你，親愛
的，
爲什麼一切發光的領我來到絕
頂的黑暗，
坐在崩潰的峰頂讓我靜靜地哭泣。

○他給安排的歧路和錯雜！
爲了我們倦了以後渴求
原來的地方。

我們已經看見過了
那使我們沉迷的只能使我們厭倦，
那使我們厭倦的挑撥我們一生，
那使我們瘋狂的
是我們生活裏堆積的、無可發泄
的感情
爲我們所窺見的半真理利用，
　　　　　　──〈隱現〉

因爲有太不情願的負擔
使我們疲倦

　　　　　——〈犧牲〉

那得甲的日記和綠色的草場
每一年保護使我們厭倦
　　　　　——〈世界〉

暫時放下自己的憂思，
我願意傾聽著淒涼的歌，
那是大地的寂寞的共鳴
把疲倦的心輕輕撫摸。
　　　　　——〈秋（斷章）〉

枉然

Ｏ，逝去的多少歡樂和憂戚，
我枉然在你的心胸裏描畫！
　　　　　——〈我看〉

你那枉然的古舊的爐丹。
死在夢裏！墜入你的苦難！
　　　　——〈防空洞裡的抒情詩〉

Ｏ讓我離去，既然這兒一切都是
枉然，
我要去尋找異方的夢，我要走出
凡是落絮飛揚的地方
　　　　　——〈從空虛到充實〉

政論家們枉然吶喊：我們要自

由！
負心人已去到了荒涼的冰島
　　　　　——〈悲觀論者的畫像〉

那裏看出了變形的枉然，
開始學習著在地上走步，
一切是無邊的，無邊的遲緩
　　　　　——〈還原作用〉

鬼臉，陰謀，和紙糊的假人，
使我的一拳落空，使我想起
老年人將怎樣枉然的太息。
　　　　　——〈夜晚的告別〉

我看見
空茫，一如在被你放逐的
兇險的海上，在那無法的
眼裏，被你拋棄的渣滓，
他們枉然，向海上的波濤
傾瀉著瘋狂。

Ｏ永明的太陽！你的溫暖
枉然的在我們的心裏旋轉，
自然的愛情朝一處茁生，
而人世卻把它不斷的割分。
　　　　　——〈神魔之爭〉

我們爲了防止著疲倦，
這裏跪拜，那裏去尋找，

我們的心哭泣著，枉然。
　　　　——〈哀悼〉

而有些走在無家的土地上，
跋涉著經驗，失迷的靈魂
再不能安於一個角度
的溫暖，懷鄉的痛苦枉然
　　　　——〈控訴〉

O現實的主人，
來到神奇裏歌一會吧，枉然的水手，
可以凝止了。
　　　　——〈黃昏〉

一天又一天，你坐在這裏，
重復著，你的工作終於
枉然，因為人們自己
是髒污的，分泌的奴隸！
　　　　——〈洗衣婦〉

因為她家有一窠蜜蜂，
你和她講話，也許枉然，
因為她聽著它們的嗡營。
　　　　——〈春天和蜜蜂〉

多麼久了，我們情感的弱點
枉然地向那深陷下去的旋轉，
那不能補償的如今已經起來，
最後的清算，就站在你們面前。

　　　　——〈打出去〉

再沒有走來走去的腳步貫穿起
善良和忠實的辛勞終於枉然。
　　　　——〈荒村〉

而在每一刻的崩潰上，看見一個
敵視的我，
枉然的摯愛和守衛，只有跟著向
下碎落，
沒有鋼鐵和巨石不在它的手裏
化為纖粉。
　　　　——〈三十誕辰有感〉

主呵，那目光的永恒的照耀季候
的遙遠的輪轉和山河的無盡的
豐富
枉然：我們站在這個荒涼的世界上，
我們是廿世紀的眾生騷動在它
的黑暗裏
　　　　——〈隱現〉

附錄五　血

同時遠處更迸出了孩子的
哭——
"媽，怕啊，你的手上怎麼滿鋪
了血迹？"
　　　　——〈兩個世界〉

讓乾柴樹枝繼續地
燒，用全身的熱血
鼓舞起風的力量。

拿生命鋪平這無邊的路途，
我知道，雖然總有一天
血會乾，身體要累倒！
　　　　——〈前夕〉

新的血塗著新的裂紋，
廣博的人群再受一次強暴的瓜分；
一樣的生命一樣的臂膊，
我灑著一腔熱血對鳥默然。
　　　　——〈哀國難〉

在堅實的肉裏那些深深的
血的溝渠，血的溝渠，灌溉了
翻白的花，在青銅樣的皮上！
是多大的奇迹，從紫色的血泊中
它抖身，它站立，它躍起，
風在鞭撻它痛楚的喘息。
　　　　——〈野獸〉

說不，說不，這不是古國的居處，
O莊嚴的盛典，以鮮血祭掃，
亮些，更亮些，如果你傾倒……
　　　　——〈合唱二章〉

這時候我聽見大風在陽光裏
附在每個人的耳邊吹出細細的
呼喚，
從他的屋簷，從他的書頁，從他
的血裏。
　　　　——〈防空洞裡的抒情詩〉

街上，成對的人們正歌唱，

起來，不願做努力的……
他的血沸騰，他把頭埋在手中。

整個城市投進毀滅，捲進了
海濤裏，海濤裏有血
的浪花，浪花上有光。

因爲我聽見了洪水，隨著巨風，
從遠而近，在我們的心裏拍打，
吞噬著古舊的血液和骨肉！
　　　　──〈從空虛到充實〉

於是有奔程的旅人以手，腳
貪婪地撫摸這毒惡的花朵，
（呵，他的鮮血在每一步上滴
落！）
　　　　──〈童年〉

在他瞑目的時候天空中湧起了
彩霞，
染去他的血，等待一早復仇的太陽。

忽然他覺得自己身上
長了剛毛，腳下濡著血，門外起
了大風。
　　　　──〈祭〉

雖然我還沒有爲饑寒，殘酷，絕
望，鞭打出過信仰來，

沒有熱烈地喊過同志，沒有流過
同情淚，沒有聞過血腥
　　　　──〈蛇的誘惑〉

爲了想念和期待，我咽進這黑夜裏
不斷的血絲……
　　　　──〈漫漫長夜〉

聽！他們的血液在和原野的心
胸交談，
（這從未有過的清新的聲音說
些什麼呢？）
О！我們說不出是爲什麼（我們
這樣年青）
在我們的血裏流瀉著不盡的歡暢。
　　　　──〈原野上走路〉

不不，當可能還在不可能的時候，
我僅存的血正惡毒地澎湃。
　　　　──〈我向自己說〉

當遠古的聖殿屹立在海岸，
承受風浪的吹打，擁抱著
多少英雄的血，多少歌聲

我等待
你湧來的血的河流──沉落

不要躲避我殘酷的擁抱，

這空虛的心正期待著血的滿足！

我知道，我給了你
過早的誕生，而你的死亡，
也沒有血痕，因爲你是
留存在每一個人的微笑中
　　　　——〈神魔之爭〉

當叛逆者穿過落葉之中，

瑟縮，變小，驕傲於自己的血；

零星的知識已使我們不再信任
血裏的愛情
　　　　——〈控訴〉

在恥辱裏生活的人民，佝僂的人民，
我要以帶血的手和你們一一擁抱。
因爲一個民族已經起來。
　　　　——〈讚美〉

而過多的憂思現在才刻露了
我是有過藍色的血，星球底世系。
　　　　——〈自然底夢〉

呵，這一片繁華
雖然給年青的血液充滿野心，
在它的棟梁間卻吹著疲倦的冷風！
　　　　——〈詩二章〉

我是沉默一如到處的繁華
的樂聲，我的血追尋它跳動
　　　　——〈憶〉

有這麼一天，不必再乞求，
爲愛情生活，大家都放心，
大家的血裏複旋起古代的英靈
　　　　——〈給戰士〉

我們最需要的，他們已經流血而去，
把未完成的痛苦留給他們的子孫。
　　　　——〈先導〉

我們的敵人已不再可怕，
他們的殘酷我們看得清，
我們以充血的心沉著地等待，
你的淫賤卻把它弄昏。
　　　　——〈通貨膨脹〉

從此我們一起，在空幻的世界遊走，
空幻的是所有你血液裏的紛爭
　　　　——〈森林之魅〉

我們希望我們能有一個希望，
然後再受辱，痛苦，掙扎，死亡，
因爲在我們明亮的血裏奔流著
勇敢，
可是在勇敢的中心：茫然。
　　　　——〈時感四首〉

他們躺在蘇醒的泥土下面，茫然的，
毫無感覺，而我們有溫暖的血，
明亮的眼，敏銳的鼻子
　　　　——〈他們死去了〉

爲了爭取昨天，痛苦已經付出去了，
希望的手握在一起，志士的血
快樂的溢出
　　　　——〈饑餓的中國〉

因爲有太不情願的負擔
使我們疲倦，
因爲已經出血的地球還要出血
　　　　——〈犧牲〉

那至高的憂慮，凝固了多少個體的，
多少年凝固著我的形態，
也突然解開，再也不能抵住
你我的血液流向無形的大海
　　　　——〈詩〉

善良的依舊善良，正義也仍舊流
血而死，
誰是最後的勝利者？
　　　　——詩四首〉

他的七竅流著毒血，
沾一沾，我就會癱瘓。

　　　——〈埋葬〉

茂盛的花不知道還有秋季，
社會的格局代替了血的沸騰，
生活的冷風把熱情鑄爲實際。
　　　　——〈智慧之歌〉

綠色要說話，紅色的血要說話，
濁重而喧騰，一齊說得嘈雜！
　　　　——〈夏〉

身體一天天墜入物質的深淵，
首先生活的引誘，血液的欲望，
給空洞的青春描繪五色的理想。
　　　　——〈沉沒〉

因爲熱血不充溢，它便摻上水分，
於是大筆一揮畫出一幅幅風景
　　　　——〈好夢〉

我在人心裏滋長，
重新樹立了和你嶄新的對抗，
而且把正義，誠實，公正和熱血
都從你那裏拿出來做我的營養。
　　　　——〈神的變形〉

謹慎，謹慎，使生命受到挫折，
花呢？綠色呢？血液閉塞住欲望
　　　　——〈冬〉

附錄六　死亡、死

晚霞在紫色裏無聲地死亡，
黑暗擊殺了最後的光輝
　　　　——〈古牆〉

然而，那是一團猛烈的火焰，
是對死亡蘊積的野性的兇殘
　　　　——〈野獸〉

那些個殘酷的，爲死亡恫嚇的人們，
像是蜂踴的昆蟲，向我們的洞裏擠。
　　　　——〈防空洞裡的抒情
　　　　　　詩〉

死亡的符咒突然碎裂了
發出崩潰的巨響，在一瞬間
我看見了遍野的白骨

然而這不值得挂念，我知道
一個更靜的死亡追在後頭
　　　　——〈從空虛到充實〉

在那短暫的，稀薄的空間，

我們的家成了我們的死亡。

我知道，我給了你
過早的誕生，而你的死亡，
也沒有血痕，因爲你是
留存在每一個人的微笑中

你只有死亡，
我的孩子，你只有死亡。
　　　　——〈神魔之爭〉

堅定地，他看著自己溶進死亡裏，
而這樣的路是無限的悠長的
而他是不能夠流淚的
　　　　——〈讚美〉

活下去，在這片危險的土地上，
活在成群死亡的降臨中
　　　　——〈活下去〉

毀滅的女神，你腳下的死亡
已越來越在我們的心裏滋長

　　　　——〈苦悶的象徵〉

因爲一個合理的世界就要投下來，
我們要把你們長期的罪惡提醒，
種子已出芽：每個死亡的爆炸
都爲我們受苦的父老爆開歡欣。
　　　　——〈轟炸東京〉

我們希望我們能有一個希望，
然後再受辱，痛苦，掙扎，死亡，
因爲在我們明亮的血裏奔流著
勇敢，
可是在勇敢的中心：茫然。
　　　　——〈時感四首〉

多麼快已踏過了清晨的無罪的
門檻，
那晶瑩寒冷的光線就快要冒
煙，燃燒，
當太潔白的死亡呼求到色彩裏
投生。
　　　　——〈三十誕辰有感〉

從嬰兒的第一聲啼哭
直到他的不甘心的死亡：
一切遺傳你的形象。
　　　　——〈暴力〉

手掌握人的命運，它沒有眼淚，
它以一秒的疏忽把地球的死亡

加倍
　　　　——〈手〉

在人類兩手合抱的圖案裏
那永不移動的反復殘殺，理想的
誕生的死亡，和雙重人性：時間
從兩端流下來
帶著今天的你：同樣雙絕，受
傷，扭曲！

迎接新的世紀來臨！痛苦
而危險地，必須一再地選擇死亡
和蛻變，
一條條求生的源流，尋覓著自己
向大海歡聚！
　　　　——〈詩四首〉

有多少人餓瘦，在你們的椅子下
死亡？
　　　　——〈感恩節——可恥的
　　　　　　債〉

我不禁對自己呼喊：
在這死亡底一角，
我過久地漂泊，茫然
　　　　——〈埋葬〉

雖然也給勇者生長了食糧，
死亡和毒草卻暗藏在裏面；

誰走過它，不爲它的險惡驚懼？

　　　　——〈三門峽水利工程有感〉

死亡的陰影還沒有降臨，

一切安寧，色彩明媚而豐富

　　　　　　——〈秋〉

讓我歌唱，

讓我扣著你們的節奏舞蹈，

當人們痛苦，死難，睡進你們的

胸懷

　　　　　——〈合唱二章〉

我是獨自走上了被炸毀的樓，

而發見我自己死在那兒

僵硬的，滿臉上是歡笑，眼淚，

和歎息。

　　　　——〈防空洞裡的抒情詩〉

在我死去時讓我聽見海鳥的歌唱，

雖然我不會和，也不願誰看見我

的心胸。

　　　　　——〈從空虛到充實〉

這時候天上亮著晚霞，

黯淡，紫紅，是垂死人臉上

最後的希望，是一條鞭子

　　　　　——〈蛇的誘惑〉

然而我們的愛情是太古老了，

一次頹廢列車，沿著細碎之死的

溫柔，無限生之嘗試的苦惱。

沒有氣流的激變，沒有山海的倒

轉，人在單調疲倦中死去。

　　　　　——〈玫瑰之歌〉

同一的陸沉的聲音碎落在

我的耳岸：無數人活著，死了。

我可以搬開那塊沉沉的碑石，

孤立在墓草邊上的

死的詛咒和生的朦朧？

在那底下隱藏著許多老人的青春。

　　　　　——〈漫漫長夜〉

當曠野上掠過了誘惑的歌聲，

О，仁慈的死神呵，給我寧靜。

　　　　　——〈在曠野上〉

每秒鐘嘲笑我，每秒過去了，

那不可挽救的死和不可觸及的

希望

恐懼的時候，

讓我知道自己究竟是死還是生，

爲什麼太陽永在地平的遠處繞

走……
　　　——〈悲觀論者的畫像〉

雖然現在他們是死了，
雖然他們從沒有活過，
卻已留下了不死的記憶
　　　——〈鼠穴〉

我們活著是死，死著是生，
呵，沒有人過的更為聰明。
　　　——〈神魔之爭〉

因為我們是在新的星象下行走，
那些死難者，要在我們底身上複生
　　　——〈春底降臨〉

而我們成長，在死底子宮裏。
在無數的可能裏一個變形的生命
永遠不能完成他自己。
　　　——〈詩八首〉

好的日子去了，可是接近未來，
給我們失望和希望，給我們死，
因為那死的製造必需摧毀。
　　　——〈出發〉

如同你和我都漸漸強壯了卻又
死去。
那永恆的人。

　　　——〈活下去〉

在這渺小的一點上：最好的
露著空虛的眼，最快樂的
死去，死去但沒有一座橋梁。
　　　——〈被圍者〉

在“死的大廈”裏，人們獻給他
榮耀的花冠
　　　——〈甘地之死〉

社會只要你平庸，一直到死

有了自己的笑，有了志願的死，
多麼久了我們只是在夢想，
如今一切終於在我們手中
　　　——〈給戰士〉

我們的英雄還擊而不見對手，
他們受辱而死：卻由於你的陰
影。

在你的光彩下，正義只顯得可憐，
你是一面蛛網，居中的只有蛆蟲，
如果我們要活，他們必須死去，
天氣晴朗，你的統治先得肅清！
　　　——〈通貨膨脹〉

過去的是你們對死的抗爭，
你們死去爲了要活的人們的生存，
那白熱的紛爭還沒有停止，
你們卻在森林的周期內，不再聽
聞。
　　　　　　　——〈森林之魅〉

用一揮手表示我們必須去死
而你們一絲不改：說這是歷史和
革命。

當我們每天呼吸在它的微塵之中，
呵，那靈魂的顫抖——是死也是
生！
　　　　　　　——〈時感四首〉

可憐的人們！他們是死去了

死去，在一個緊張的冬天，
象旋風，忽然在牆外停住
　　　　　　　——〈他們死去了〉

今天是混亂，瘋狂，自瀆，白白
的死去——
然而我們要活著：今天是饑餓。
　　　　　　　——〈饑餓的中國〉

在一條永遠漠然的河流中，生從
我們流過去，死從我們流過去，

血汗和眼淚從我們流過去

我們已經有太多的戰爭，朝向別
人和自己，
太多的不滿，太多的生中之死，
死中之生，
　　　　　　　——〈隱現〉

你把我打開像幽暗的甬道
直達死的面前：在虛僞的日子下面
解開那被一切糾纏著的生命的根
　　　　　　　——〈發現〉

不正常的是大家的軌道，生活向
死追趕，雖然“靜止”有時候高
呼：
爲什麼？爲什麼？然而我們已
跳進這城市的迴旋的舞。
　　　　　　　——〈城市的舞〉

善良的依舊善良，正義也仍舊流
血而死，
誰是最後的勝利者？是那集體
殺人的人？
　　　　　　　——〈詩四首〉

我愛在雪花飄飛的不眠之夜，
把已死去或尚存的親人珍念
　　　　　　　——〈冬〉

附錄七　悖論修辭法
及矛盾修飾法

О，讓我的呼吸與自然合流！
讓歡笑和哀愁灑向我心裏，
像季節燃起花朵又把它吹熄。
　　　　　——〈我看〉

雖然地下是安全的。互相觀望著：
О黑色的臉，黑色的身子，黑色
的手！
這時候我聽見大風在陽光裏
附在每個人的耳邊吹出細細的呼
喚，
從他的屋檐，從他的書頁，從他
的血裏。

我是獨自走上了被炸毀的樓，
而發見我自己死在那兒
僵硬的，滿臉上是歡笑，眼淚，
和歎息。
　　　——〈防空洞裡的抒情詩〉

朋友，天文臺上有人用望遠鏡
正在尋索你千年後的光輝呢，
也許你招招手，也許你睡了？
　　　　　——〈勸友人〉

一些影子，愉快又恐懼，
在無形的牆裏等待著福音。

他笑了，他不懂得懺悔，
也不會飲下這杯回憶，
彷徨，動搖的甜酒。
　　　　——〈從空虛到充實〉

在德明太太的汽車裏，
經過無數"是的是的"無數的
痛楚的微笑，微笑裏的陰謀，
一個廿世紀的哥倫布，走向他
探尋的墓地

自從撒旦歌唱的日子起，

我只想園當中那個智慧的果子：
阿諛，傾軋，慈善事業，
這是可喜愛的，如果我吃下

無數年青的先生
和小姐，在玻璃的夾道裏，
穿來，穿去，帶著陌生的親切，
和親切中永遠的隔離。
　　　　——〈蛇的誘惑〉

同一的陸沉的聲音碎落在
我的耳岸：無數人活著，死了。

那些淫蕩的遊夢人，莊嚴的
幽靈，拖著僵屍在街上走的，
伏在女人耳邊訴說著熱情的
懷疑分子

然而總傳來陣陣獰惡的笑聲，
從漆黑的陽光下，高樓窗
燈罩的洞穴下，和“新中國”的
沙發，爵士樂，英語會話，最時興的
葬禮。

是這樣蜂擁的一群，
笑臉碰著笑臉，狡獪騙過狡獪，
這些鬼魂阿諛著，陰謀著投生
　　　　——〈漫漫長夜〉

所有的人們生活而且幸福
快樂又繁茂，在各樣的罪惡上

誰知道暖風和花草飄向何方，
殘酷的春天使它們伸展又伸展，
用了碧潔的泉水和崇高的陽光，
挽來絕望的彩色和無助的夭亡。
　　　　——〈在曠野上〉

“我自己的恐懼，在歡快的時候，
和我的歡快，在恐懼的時候，
　　　　——〈悲觀論者的畫像〉

千里迢遙，春風吹拂，流過一個
城腳，
在桃李紛飛的城外，它攝了一個
影：
黃昏，幽暗寒冷，一群站在海島
上的魯濱遜
失去了一切，又把茫然的眼睛望
著遠方

讓我們起來，讓我們走過
濃密的桐樹，馬尾松，豐富的丘
陵地帶，
歡呼著又沉默著，奔跑在河水兩
旁。
　　　　——〈出發〉

勃朗寧，毛瑟，三號手提式，
或是爆進人肉去的左輪，
它們能給我絕望後的快樂
　　　——〈五月〉

我是太愛，太愛那些面孔了，
他們諂媚我，耳語我，譏笑我
　　　——〈夜晚的告別〉

雖然現在他們是死了，
雖然他們從沒有活過，
卻已留下了不死的記憶

不甘於恐懼，他終要被放逐，
這個恩給我們的仇敵
　　　——〈鼠穴〉

不，這樣的呼喊有什麼用？
因為就是在你的獎勵下，
他們得到的，是恥辱，滅亡。

誰知道生命多麼長久？
一半醒著，一半是夢，
我們活著是死，死著是生，
呵，沒有人過的更為聰明。

小河的流水向我們說，
誰能夠數出天上的星？
但是在黑夜，你只好搖頭，

當太陽照耀著，我們能。

我的孩子，雖然這一切
由我創造，我對我愛的
最為殘忍。
　　　——〈神魔之爭〉

人世的幸福在於欺瞞
達到了一個和諧的頂尖。
　　　——〈哀悼〉

我們做什麼？我們做什麼？
生命永遠誘惑著我們
在苦難裏，渴尋安樂的陷阱

一個平凡的人，裏面蘊藏著
無數的暗殺，無數的誕生。
　　　——〈控訴〉

他是一個女人的孩子，許多孩子
的父親，
多少朝代在他的身邊升起又降落
了
而把希望和失望壓在他身上

他看著自己溶進死亡裏，
而這樣的路是無限的悠長的
而他是不能夠流淚的，

他沒有流淚，因爲一個民族已經
起來。

一個老婦期待著孩子，許多孩子
期待著
饑餓，而又在饑餓裏忍耐
　　　　　　——〈讚美〉

現在野花從心底荒原裏生長

過去底回憶已是悲哀底遺忘

而幸福存在著再不是罪惡
　　　　　　——〈春底降臨〉

告訴我們和平又必需殺戮，
而那可厭的我們先得去喜歡。

就把我們囚進現在，呵上帝！
在犬牙的甬道中讓我們反復
行進，讓我們相信你句句的紊亂
是一個真理。而我們是皈依的，
你給我們豐富，和豐富的痛苦。
　　　　　　——〈出發〉

這裏的恩惠是彼此的恐懼，
而溫暖他的是自動的流亡

化無數的惡意爲自己營養，

他已開始學習做主人底尊嚴。
　　　　　　——〈幻想底乘客〉

他是靜止的生出動亂，
他是衆力的一端生出他的違反。

他是這樣的喜愛我們
他讓我們分離
他給我們一點權利等它自己變
灰。

如果我們能夠看見他
在歡笑後面的哭泣哭泣後面的
最後一層歡笑裏，

在虛假的真實底下
那真實的靈活的源泉
如果我們不是自禁於
我們費力與半真理的密約裏
期望那達不到的圓滿的結合
　　　　　　——〈祈神二章〉

我們把握而沒有勇氣，
享受沒有安寧，克服沒有勝利

人子呵，棄絕了一個又一個謊，
你就棄絕了歡樂；還有什麽
更能使你留戀的，除了走去
向著一片荒涼，和悲劇的命運！

——〈詩二章〉

沒有人心痛：
那改變明天的已爲今天所改變。
　　　　——〈裂紋〉

活下去，在這片危險的土地上，
活在成群死亡的降臨中

兇殘摧毀兇殘，
如同你和我都漸漸強壯了卻又死
去。

孩子們呀，請看黑夜中的我們正
怎樣孕育
難產的聖潔的感情。
　　　　——〈活下去〉

學會了被統治才可以統治
　　　　——〈線上〉

我們終於看見
過去的都已來就範，所有的暫時
相接起來是這平庸的永遠。
　　　　——〈被圍者〉

過去是死，現在渴望再生，
過去是分離違反著感情，
但是我們的勝利者回來看見失敗

過去有犧牲的歡快，
現在則是日常生活

——〈退伍〉

我是沉默一如到處的繁華
的樂聲，我的血追尋它跳動，
但是那沉默聚起的沉默忽然鳴響
　　　　——〈憶〉

比現實更真的夢，比水
更濕潤的思想，在這裏枯萎，
青色的魔，跳躍，從不休止，
路的創造者，無路的旅人。
　　　　——〈海戀〉

壓制者的僞善
呼喊不出來，因爲被壓制者自己
就維護僞善，自古以奴役爲榜樣。
　　　　——〈甘地〉

人和人的距離卻因而拉長，
人和人的距離才忽而縮短，
危險這樣靠近，眼淚和微笑
合而爲人生：這裏是單純的縮
形。從小就學起，殘酷總嫌不夠，
全世界的正義都這麽要求。
　　　　——〈野外演習〉

當春日的火焰熏暗了今天，
明天是美麗的，而又容易把我們
欺騙
　　　　——〈先導〉

他們是工人而沒有勞資，
他們取得而無權享受，
他們是春天而沒有種子，
他們被謀害從未曾控訴。
　　　　——〈農民兵〉

只有真正的你
的事業，在一切的失敗裏成功。
　　　　——〈良心頌〉

是不情願的情願，不肯定的肯定，
攻擊和再攻擊，不過是醞釀最後
的叛變，
勝利和榮耀永遠屬於不見的主
人。
　　　　——〈三十誕辰有感〉

給我們有一時候山峰，有一時候
草原，
　　有一時候相聚，有一時候
離散，
　　有一時候欺人，有一時候
被欺，
　　有一時候密雨，有一時候
燥風，
　　有一時候擁抱，有一時候
厭倦，

有一時候開始，有一時候
完成，
　　有一時候相信，有一時候
絕望。我們的心不斷地擴張，我
們的心不斷地退縮，
我們將終止於我們的起始。

一切都在戰爭，親愛的，
那以真戰勝的假，以假戰勝的真，
一的多和少，使我們超過而又不
足，
沒有喜的內心不敗於悲，也沒有
悲
能使我們凝固，接受那樣甜蜜的
吻
不過是謀害使我們立即歸於消
隱。

等我們哭泣時已經沒有眼淚
等我們歡笑時已經沒有聲音
等我們熱愛時已經一無所有
一切已經晚了然而還沒有太晚，
當我們知道我們還不知道的時
候，

主呵，因為我們看見了，在我們
聰明的愚昧裏，
我們已經有太多的戰爭，朝向別
人和自己，

太多的不滿，太多的生中之死，
死中之生，
我們有太多的利害，分裂，陰謀，
報復
　　　——〈隱現〉

我歌頌肉體，因為它是岩石
在我們的不肯定中肯定的島嶼。

我歌頌那被壓迫的，和被蹂躪的，
有些人的吝嗇和有些人的浪費：
那和神一樣高，和蛆一樣低的肉
體。

一切的事物令我困擾，
一切事物使我們相信而又不能相
信，就要得到
而又不能得到，開始拋棄而又拋
棄不開，
但肉體使我們已經得到的，這裏。

我歌頌肉體，因為光明要從黑暗
裏出來：
你沉默而豐富的剎那，美的真
實，我的肉體。
　　　——〈我歌頌肉體〉

甘地已經死了，雖然沒有人死得
這樣少：

留下一片凝固的風景，一隅藍
天，阿門。
　　　——〈甘地之死〉

一開始就在終點失敗，
還要被吸進時間無數的角度，因
為
麵包和自由正獲得我們，卻不被
獲得！
　　　——〈詩四首〉

儘管演員已狡獪得毫不狡獪

它買到的不是珍貴的共鳴
而是熱烈鼓掌下的無動於衷。
　　　——〈演出〉

春天的花和鳥，又在我眼前喧鬧，
我沒忘記它們對我暗含的敵意
和無辜的歡樂被誘入的苦惱
　　　——〈春〉

我衝出黑暗，走上光明的長廊，
而不知長廊的盡頭仍是黑暗；
我曾詛咒黑暗，歌頌它的一線光，
但現在，黑暗卻受到光明的禮贊：
　　心呵，你可要追求天堂？
　　　——〈問〉

後　記

　　《穆旦詩學論》是本人完成於 2001 年的碩士學位論文，是當時中國內地首篇探討穆旦詩學的文章。因為我的懶散和淺陋，這篇論文花了三年時間才寫完；幸好答辯時，評審的老師都給予了正面的評價。

　　今天，這本十多年前的小書有機會像文物般出土面世，一定要感謝張堂錡教授的垂青。坦白講，當年我或許不怕拿拙文出來見人，但事隔這麼多年，學界先進肯定有更精彩創新的研究成果出來，而我由於各種原因，自從完成論文後，就沒有跟進穆旦研究的進展，遑論去修訂文章內容──每想到此，我總是羞愧不已。這樣一篇「大叔」級論文，有需要浪費紙張去出版嗎？若不是有張堂錡教授的再三鼓勵，我實在不敢把這份「古董」拿出來。所以，諸君在看拙作時請留意，這是篇 2001 年的論文，它倘有的創意和必有的缺點，都凝固在 17 年前的時空。身為作者，我羞慚地呈上拙作，衷心敬請前輩先進不吝指正！

　　這篇論文能夠完成，我深深感謝廣州暨南大學中文系的饒芃子和蔣述卓兩位教授，他們不辭勞苦，利用周六日休息時間給我上課。今天回想，心中無限感恩之餘，也慚愧於自己不爭氣不努力。尤其是導師饒芃子教授，感謝她給予我慈母般的鼓勵與支持，

感謝她對我生性疏懶及學力不足的寬容與理解！

　　我還得感謝當年另一位老師費勇教授，在多年亦師亦友的接觸中，我總能從他那裡得到一些有趣而精闢的見解。另外，我之開始注意穆旦，就是費老師在本科時推薦給我的；我要感謝的，不只是他給了我一個做論文的題目，更感謝他介紹了一位觸動我心靈最深的大詩人。

　　今年剛好是穆旦百年誕辰大慶，他的母校天津南開大學為此隆重召開了「查良錚（穆旦）先生百年誕辰暨詩歌翻譯國際學術研討會」，據報導說有一百多位學者參加了儀式。這位 20 世紀中國大詩人，終於得到人們應有的重視和認識。這讓我想起穆旦的一首詩〈旗〉，謹摘錄其中詩行於後，向先生致敬：

　　　　是大家的心，可是比大家聰明，

　　　　帶著清晨來；隨黑夜而受苦，

　　　　你最會說出自由的歡欣。

　　　　四方的風暴，由你最先感受，

　　　　是大家的方向，因你而勝利固定，

　　　　我們愛慕你，如今屬於人民。

　　　　　　　　　　　　　　　　　黃 文 輝

　　　　　　　　　　　　　　　　　2018 年 7 月 15 日